シリーズ「遺跡を学ぶ」086

京都盆地の縄文世界

北白川遺跡群

新泉社

千葉　豊

京都盆地の縄文世界
—北白川遺跡群—

千葉　豊

【目次】

装　幀　新谷雅宣
本文図版　松澤利絵

第1章　京都の市街地に縄文遺跡が

1　比叡山西南麓の扇状地

高野川、鴨川、東山

八月一六日午後八時、宵闇の山肌にぽつんと炎がみえたかと思うと、それはまもなく炎の筋となって「大」の字が浮かび上がる。これを合図に、「妙法」「船形」「左大文字」「鳥居形」の順に京都をかこむ山々に送り火が焚かれる。京都の晩夏を彩る五山送り火である（図1）。京の人びとは炎の祭典に、日常の生活をしばし忘れ、祖先の霊を送りつつ去りゆく夏を惜しむのである。

この五山送り火の開始を告げる「大」の字が点されるのが京都東山（比叡山地《ひえいさんち》）の大文字山《だいもんじやま》。銀閣寺の脇を抜ける山道を登ること三〇分ほどで到着する大文字山は、朝や夕に散歩を兼ねて登る人も多く、京都の市街地を見下ろすことのできる絶好の地点である。

図１ ● **五山送り火（「大」）**
毎年８月16日、京都をかこむ山々に送り火が焚かれる。

図２ ● **大文字山からみた北白川一帯**
南北に流れる高野川・鴨川より東の比叡山西南麓一帯に扇状地が広がる。
ここが、本書に登場する縄文人の主要な舞台である。

ここからは、前方に京都の西を画する西山山地、右手に北山山地を遠く眺めることができる（図2）。大文字山から尾根道を北へたどれば、比叡山へ至る。京都が三方を山でかこまれた盆地であることを実感できる場所でもある。

北山山地から流れ下った二筋の川が盆地中央付近の出町柳《でまちやなぎ》で合流し、南流している（図3）。この二筋の川のうち、東側の川が高野《たかの》川《がわ》、西側の川が賀茂川《かもがわ》で、合流後の川を鴨川《かもがわ》とよんでいる。山裾に近い緑の残る独立丘は吉田山である。

図3 ● **比叡山西南麓に広がる市街地**
南の空から北白川一帯をながめる。現在は市街地化が著しいが、縄文時代には扇状地が発達し遺跡が点在していた。

本書がこれから取り上げる縄文人がおもに活動した舞台、それが高野川、鴨川と東山（比叡山地）にはさまれた一帯である。

扇状地の森で

比叡山地は、チャートや砂岩からなる古生代・中生代の堅い地盤からなるが、中生代の終わり頃、大比叡《おおひえ》・四明岳《しめいだけ》と如意ケ岳《にょいがたけ》・大文字山のあいだに花崗岩をつくるマグマがせり上がった。この花崗岩が風化細粒化して西側へと流れたために、比叡山の西南麓には、複合扇状地が発達することとなった（図3）。

比叡山地から西側へ流れ出る主要河川は三本。北から音羽川《おとわがわ》、一乗寺川《いちじょうじがわ》、そして白川《しらかわ》である（図4）。これらの河川が比叡山西南麓に複合扇状地を形成した。このなかでもっとも大きなものは、白川によってつくられた扇状地である。

白川は現在、吉田山の東、浄土寺を南流し岡崎

図４ ● 京都大学付近から東山方向を望む
市街地化が進んでおり、扇状地の豊かな森が広がっていた往時の面影をしのぶことは難しい。

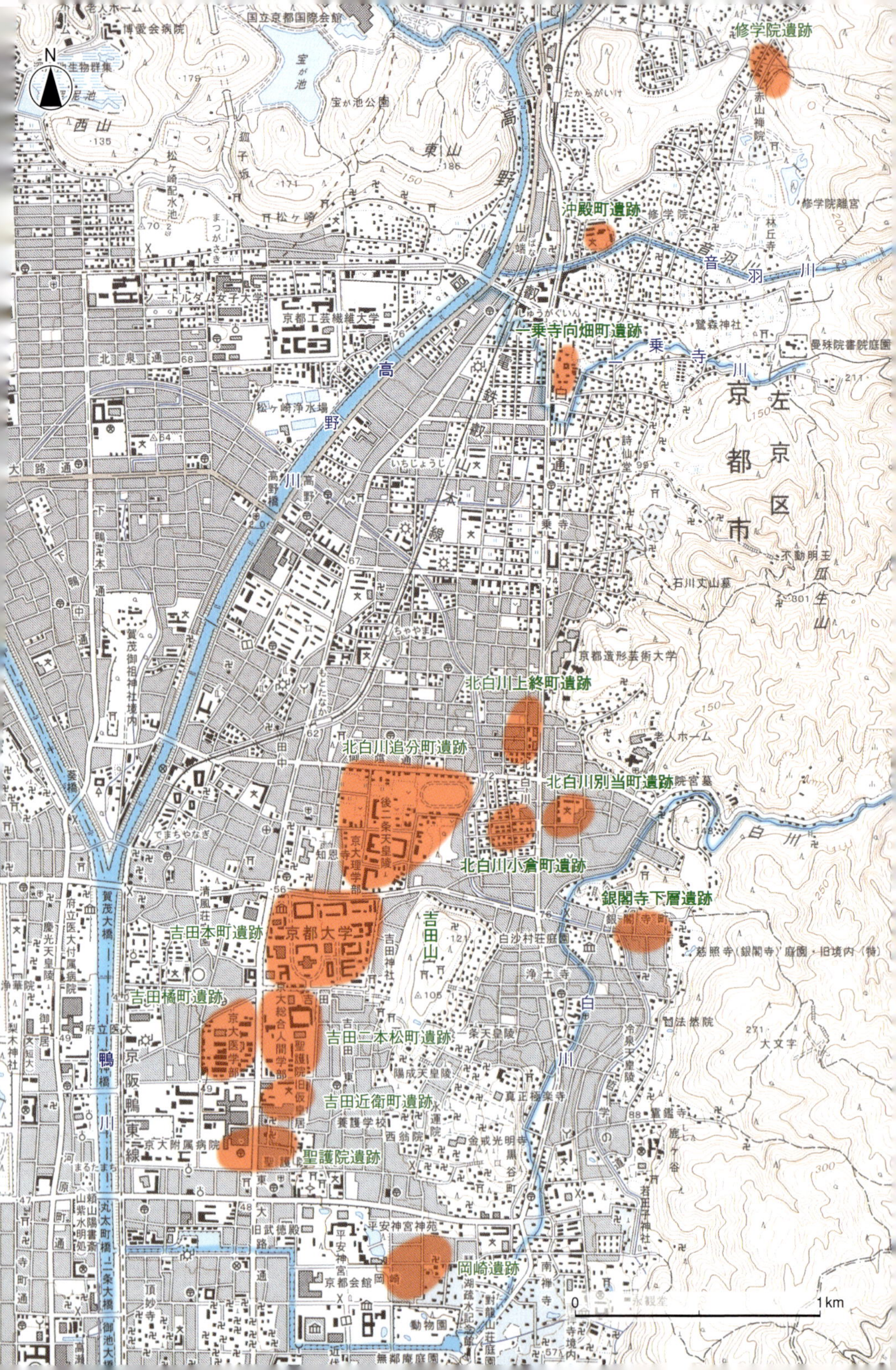

N
修学院遺跡
沖殿町遺跡
一乗寺向畑町遺跡
北白川上終町遺跡
北白川追分町遺跡
北白川別当町遺跡
北白川小倉町遺跡
銀閣寺下層遺跡
吉田本町遺跡
吉田橘町遺跡
吉田二本松町遺跡
吉田近衛町遺跡
聖護院遺跡
岡崎遺跡
京都市
左京区
京都大学
宝が池
高野川
鴨川
白川
0
1km

を西流して、鴨川と合流している。しかし、かつては扇頂部からそのまま西進して北白川小倉《きたしらかわおぐら》町《ちょう》や追分町《おいわけちょう》一帯に小扇状地を形成するとともに、吉田山をとりまいて、その西側（吉田）から南側（聖護院《しょうごいん》・岡崎）へも小扇状地をつくった（図5）。高野川・鴨川は現在、これらの扇状地の西方を流れているが、縄文時代にはより東を流れており、これらの扇状地の扇端を侵食して沼沢地をつくりだした。

この地の縄文人は、扇状地の森のなかの微高地に居を構えた。沼沢地、小河川がその近くにあり、背後には山麓が控えている。こうした多様性に富む地形と環境が縄文人の活動の舞台であった。

2　遺跡を群としてとらえる

京都盆地の縄文遺跡

本書で解説する北白川遺跡群は、京都盆地でも東北部に位置する。それでは、京都盆地全域においては今までに一体いくつの縄文遺跡が発見・調査されているのであろうか。

図6は、現在までに京都盆地で発見されている縄文遺跡を地図に落としたものである。京都盆地全体で一〇〇をこえる遺跡が発見されている。意外にたくさんあると感じる人が多いかもしれない。

ただしここで注意しておきたいことは、縄文土器が一点みつかったにすぎない遺跡も、住居

図5 ● 北白川遺跡群→
比叡山西南麓の複合扇状地上に、14を数える遺跡が展開する。細かくみると、遺跡の希薄な地帯をはさんで、北部の遺跡と南部の遺跡に分けることもできる。

がみつかり多量の遺物が出土した遺跡も、同じように一遺跡としてカウントしていることである。また、遺跡の時期も考慮していない。早期の遺跡も晩期の遺跡も区別せずに表現している。一万数千年間という長期にわたる縄文時代をひとくくりにし、遺跡の性格も抜きにした分布図であるから、この図から当時の縄文人の活動を直接読み取るには注意が必要である。

遺跡を群としてとらえる

このような注意が必要であるが、この図をみていると、遺跡が密集する場所とそうでもない場所があることに気がつくであろう。たとえば、桂川の西側、京都西部の乙訓《おとくに》とよばれる地域あるいは本書の対象地域である京都盆地東北部のように、おぼろげながらも遺跡が多く発見される場所がみえてくる。

ある一定の地理的範囲内にまとまるそうした遺跡は、群としてとらえることができる。群を構成するそれらの遺跡は同時期であることはむしろ少なく、その存続年代を土器型式によって推測すると、補完的になっていることが多い。つまり、ある遺跡で活動がおこなわれている時期は隣接する遺跡では活動が認められず、ある遺跡での活動が途絶えると今度は隣接する遺跡で活動がはじまるといった具合である。

すなわち、遺跡数はみかけ上は多くみえても、時期をかぎって検討すれば、一つの遺跡群に一つか、多くても三つ程度の遺跡が存在しているにすぎない。遺跡を群としてとらえることで、遺跡を残した集団の活動の軌跡を理解することもできるだろう。

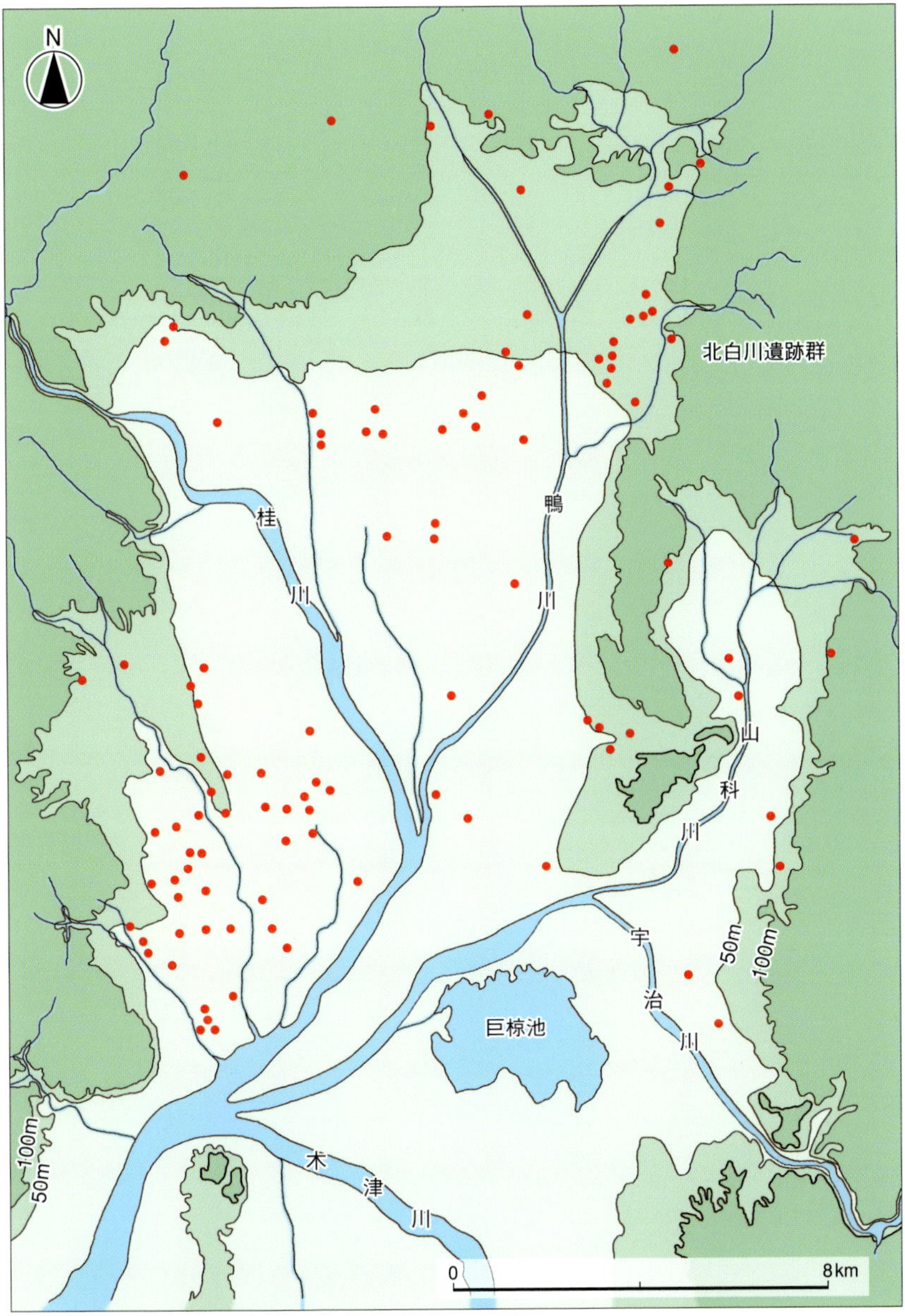

図６ ● 京都盆地の縄文時代遺跡分布図
赤丸（●）は、縄文時代の遺跡を、所属時期を考慮せずに示している。
巨椋池（おぐらいけ）は、現在は干拓されて存在しないが、「仮製貳萬分壹地形図」（1890年測量）より作図した。

このようなあり方は、京都盆地の遺跡にかぎらず、近畿地方全域に目を広げても、類似した傾向をもっており、この地域の縄文文化の性格を考えるうえで重要な特徴の一つである。

北白川遺跡群

本書で詳述する北白川遺跡群は、京都盆地内部にみられるこうした遺跡群の一つで、南北五キロ、東西二キロの範囲に一四の遺跡が存在している（図5参照）。北白川の地名を冠する遺跡に限定すると、その範囲はもう少し狭くなるが、比叡山の西南麓に展開した諸遺跡には密接な関連性があるので、この範囲まで広げてみてみることにしたい。

この遺跡群を代表する北白川追分町遺跡の発見は一九二三年、北白川小倉町遺跡の調査が一九三四年と戦前にさかのぼり、もともと縄文時代の遺跡が数多く存在したうえに、早くから組織的な調査・研究がおこなわれたことが相まって、近畿地方の縄文文化を考えるうえで、重要なフィールドの一つになったのである。

第2章　続々みつかる縄文遺跡

1　北白川追分町遺跡の発見

濱田耕作による遺物採集

「『君！裏の農学部の敷地で石斧を拾ったよ』と濱田先生が私達に話されたのは去る大正十二年十月十八日の朝であった。私達は思はず先生を注視すると、先生の袂から正しく一個の磨製石斧が転がりでた」

これは島田貞彦（当時、京都大学考古学教室の助手）によって記された北白川追分町遺跡発見の顚末である。

文中の「濱田先生」とは、濱田耕作（青陵）のこと（図7）。三カ年におよぶヨーロッパ留学を終え一九一六年に帰国した濱田は、京都大学に国内で最初の考古学講座を開設し、新しい方法にもとづく調査研究を実践した。またすぐれた後継者を養成するなど、初期の日本考古学・東洋考古学の発達に多くの貢献をなした考古学者である。

北白川一帯に先史時代の遺跡があることは、藤貞幹《とうていかん》が著した『好古日録』(一七九七年)に岡崎村(現・京都市左京区岡崎)出土とされる縄文土器が記載されており(図8)、明治時代以降、山崎直方や直良信夫らによっても遺物が注目されてきたことから、その存在は予測されてきたものの、正式な遺跡の発見はこれが最初の出来事となった。

図7 ● 濱田耕作(青陵)
1881年大阪府に生まれ、1938年没。1916年京都大学文学部考古学講座の初代教授となり、東洋考古学および日本考古学の基礎を築いた。

試掘調査

濱田が散歩の途中で石斧を採集したのが一九二三年一〇月一七日。その八日後の一〇月二五日には、採集地点周辺の数カ所で遺跡の存在を確かめるための試掘調査が早くもおこなわれている(図9)。こうした迅速な活動の背景には、縄文時代(当時は石器時代とよんでいた)に対する濱田の並々ならぬ関心の深さがあった。

一九一七年、京都大学考古学講座の初代教授となった濱田は、大阪府国府《こう》遺跡(一九一七年)、鹿児島県指宿《いぶすき》遺跡(一九一八年、現・橋牟礼《はしむれ》

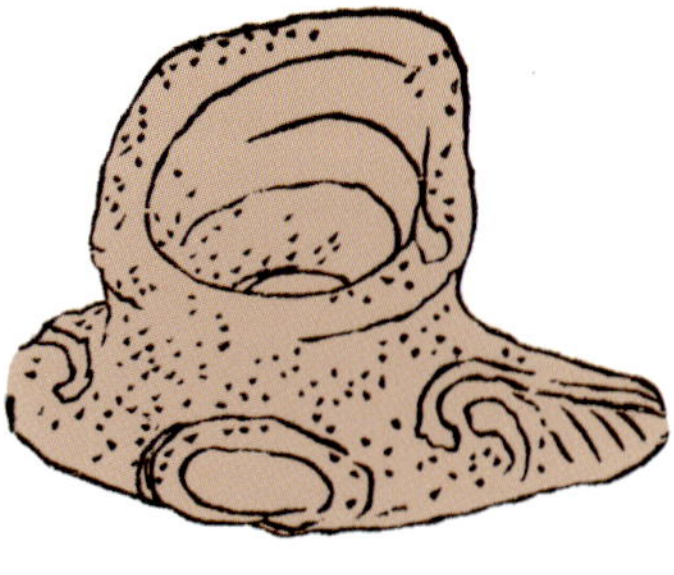

図8 ● 藤貞幹が描いた縄文土器(1797年)
「岡崎村土中瓦器一枚ヲ掘出ス」と記された。縄文後期の土器の口縁部突起である。

川《がわ》遺跡）、熊本県轟《とどろき》貝塚（一九一九年）、鹿児島県出水《いずみ》貝塚（一九二〇年）など西日本の縄文時代の遺跡調査を精力的におこなって、その調査成果を京都帝国大学文学部考古学研究報告として発表している。

　こうした一連の調査のきっかけとなったのが、ヨーロッパの旧石器に類した石器の採集を発端として調査された国府遺跡の発掘であった。日本列島における旧石器時代の存否の解明を課題としておこなわれたこの調査は、旧石器の

図９ ● 濱田耕作採集地点に立つ京都府の説明板
濱田が石斧を採集した地点から道路１本隔てた地点で、
後年、竪穴住居跡が発見された。

図 10 ● 採集および試掘調査で発見された縄文土器・石器
中央下の石斧破損品が濱田が最初に採集した遺物。割れ面に、「大正十二年
十月十七日」の墨書がある。右端の磨製石斧の長さ 11.5cm。

存在に否定的な結果をもたらした。その一方で、縄文時代の埋葬人骨を多数発見したことから、人骨の出土する縄文遺跡の調査、すなわち当時学界で論争となっていた日本人起源論へと濱田の関心を向かわせることになった。濱田は、ヨーロッパ留学で身につけた科学的な調査法と人類学者との共同研究によって、この課題を解明しようとしていたのである。

遺跡発見後、わずか一週間でおこなわれた試掘調査にはこのような学問的背景が存在した。しかしながら、試掘調査では縄文土器や石器は出土したものの（図10）、遺跡は造成工事によってすでに削られ、破壊されていると考えられ、濱田の目的にかなう調査成果を得ることはできなかった。

2 北白川小倉町遺跡の調査

造成工事の傍らで

追分町遺跡の発見につながった京都大学農学部敷地（現・京都大学北部構内）がこの地に設けられた一九二二年頃までの北白川一帯は、水田や畑地が展開する農村としての風景を保っていたが、大学が設置される頃から次第に都市化のきざしがみられるようになっていた。一九三〇年には、追分町遺跡の東方五〇〇メートルの北白川小倉町に東方文化学院京都研究所（現・京都大学人文科学研究所分館）が建設された（図11）。この際にも、濱田は遺跡の確認調査をおこなっているが、遺構・遺物を発見することはできなかった。

ところが、一九三四年四月、同研究所の東側で始まった宅地造成で、縄文時代の遺物が出土することを同研究所の写真技師・羽舘易が発見した。これが北白川小倉町遺跡である。

羽舘は、遺跡が宅地開発により破壊されることを憂い、開発業者と交渉を重ね、勤務の合間をぬって約三カ月間独力で調査をおこなった。こうした羽舘の遺跡に対する情熱によって、一万点をこえる遺物が発見されるにおよんで、京都府史蹟勝地調査会委員の梅原末治（当時、京都大学文学部助教授）を中心とした発掘へと引き継がれることになった。

京都府史蹟勝地調査会による発掘調査

調査会による発掘調査は、九月六日から一二日までの一週間、羽舘の調査地点を拡張するかたちの北区と、道路を隔てた南区の二カ所に調査区を設定しておこなわれた（図12）。調査面積はおよそ一五〇平方メートルほどだろうか。調査を指導しのちに報

図11 ●東方文化学院京都研究所（現・京都大学人文科学研究所分館）
この研究所に勤務していた羽舘易が1934年、研究所の東側（写真奥側）で始まった宅地造成で北白川小倉町遺跡を発見した。

告書をまとめた梅原は、この一週間の調査を「大規模な調査」と記している。

仮に現在、この地点を発掘調査したとすれば、遺物の出土状況なども考慮すると、三週間程度の日数は必要となるだろう。情報を引き出すための発掘調査の方法が当時より精密化しているからである。いずれにしても現在なら、「大規模な調査」とよべるものは年単位の調査を指すだろう。この当時の調査の規模に対する意識がわかって興味深い。

土器の編年的研究

羽舘の単独調査および調査会による発掘の成果は、翌一九三五年に刊行された『京都府史蹟名勝天然記念物調査報告』第一六冊にまとめられた。この頃には、縄文時代研究も人種論争から遠ざかりつつあった。人類学・考古学・民俗学系の学術誌『ドルメン』誌上に連載された山内清男による「日本遠古之文化」（一九三二―三三年）にみられるように、住

図 12 ● 北白川小倉町遺跡の発掘調査風景
写真向かって右から３番目の人物が梅原末治。背広にネクタイ、学生も学生服に角帽という格好でスコップを振るう姿に時代を感じさせる。

居や貝塚といった生活・文化の復元をめざす方向とともに、縄文土器の詳細な検討から、その年代と地域性を体系化しようとする編年的研究に向かいつつあった。

層位的に上下二層に分けて取り上げられた北白川小倉町遺跡の縄文土器を整理分類した小林行雄

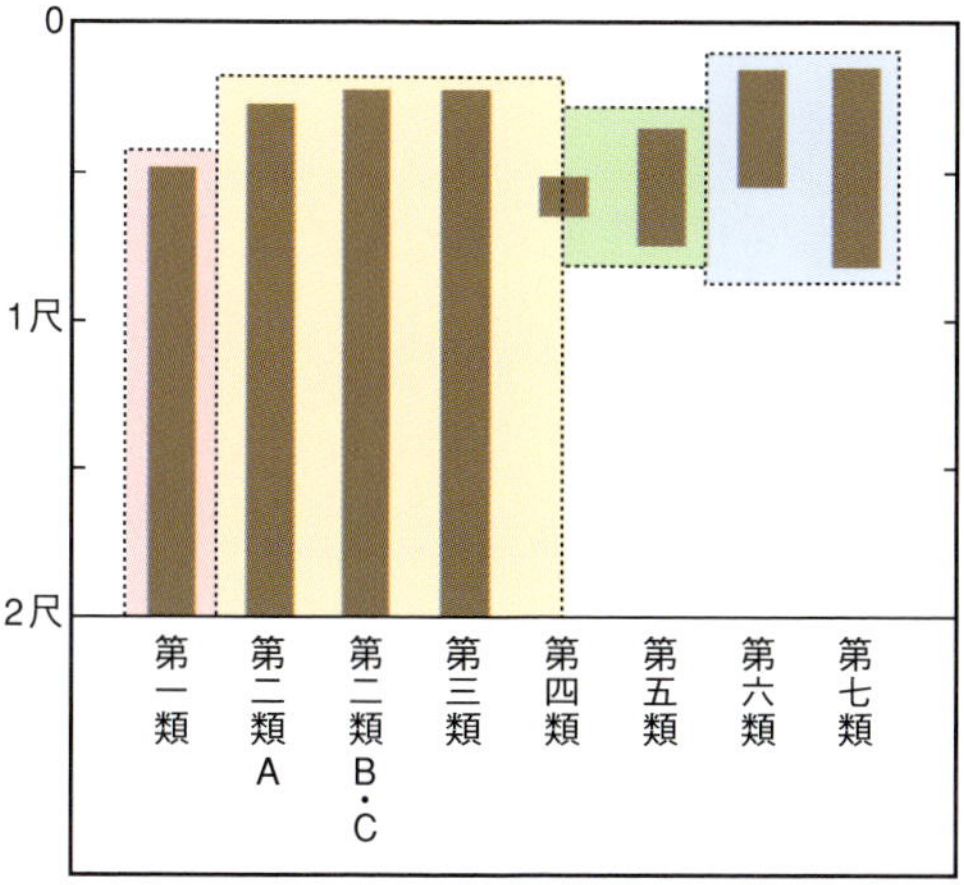

図 13 ● **出土土器および分類と出土層位の関係図**
文様と形態にもとづいて分類された土器（下段写真）がどの深さから出土しているのかが視覚的に表現されている（上段図）。

は、出土土器を数量的に取り扱うとともに、型式学的な分類と出土層位の関係を図にして示した（図13）。そして、つぎのような四群に大別できるとし、この順序での変遷を想定した。

第一群　第一類
第二群　第二（A～Cに細分）・三・四類の一部
第三群　第四類の一部・五類
第四群　第六・七類

この大別は、現行編年の
北白川下層Ⅰ式
北白川下層Ⅱ式
北白川下層Ⅲ式
北白川上層式
にほぼ対応しており、第二類の細分は下層Ⅱ式の三細分に到達していたが、最終的に報告をまとめた梅原は、下層、

縄紋土器型式の大別と細別									
	渡島	陸奥	陸前	関東	信濃	東海	畿内	吉備	九州
早期	住吉	（＋）	槻木 1 〃 2	三戸・田戸下 子母口・田戸上 茅山	曾根？× （＋）	ひじ山 粕畑		黒島×	戦場ケ谷×
前期	石川野× （＋）	円筒土器 下層式 （4型式以上）	室浜 大木 1 〃 2a,b 〃 3-5 〃 6	蓮田式（花積下・関山・黒浜） 諸磯 a,b 十三坊台	（＋） （＋） （＋） 踊場	鉾ノ木×	国府北白川 1 大歳山	磯ノ森 里木 1	轟？
中期	（＋） （＋）	円筒上 a 〃 b （＋） （＋）	大木 7a 〃 7b 〃 8a,b 〃 9,10	五領台 阿玉台・勝坂 加曾利 E 〃（新）	（＋） （＋） （＋） （＋）			里木 2	曾畑 阿高 出水 ？
後期	青柳町× （＋） （＋）	（＋） （＋） （＋） （＋）	（＋） （＋） （＋） （＋）	堀之内 加曾利 B 〃 安行 1,2	（＋） （＋） （＋） （＋）	西尾×	北白川 2×	津雲上層	御手洗 西平
晩期	（＋）	亀ケ岡式（＋） （＋） （＋） （＋）	大洞 B 〃 B-C 〃 C1,2 〃 A,A'	安行 2-3 〃 3	（＋） （＋） （＋） 佐野×	吉胡× 〃 × 保美×	宮滝× 日下×竹ノ内× 宮滝×	津雲下層	御領

註記　1. この表は仮製のものであって、後日訂正増補する筈です。
2. （＋）印は相当する式があるが型式の名が付いて居ないもの。
3. （×）印は型式名ではなく、他地方の特定の型式と関連する土器を出した遺跡名。

図 14 ● 山内清男による縄文土器編年体系（1937 年）
編年という視点から、土器を研究する意義、そのための方法を論じた「縄紋土器型式の細別と大別」という論文の末尾に掲げられた編年表。

上層の二区分にとどめて報告した。

縄文土器型式の編年研究を進めていた山内清男は一九三七年、この北白川小倉町遺跡の成果を取り込んで、「北白川1」と「北白川2×」として全国的編年体系に組み込んだ（図14）。そして戦後には、縄文前期の北白川下層式、後期の北白川上層式として、近畿地方の前期・後期の基準資料となったのである。

3　編年研究から文化の研究へ

一乗寺向畑町遺跡の調査

戦後、京都市街地の都市化は進み、北白川一帯も田畑の残る村落から、住宅地へと急激に変貌していった。一九六一年、北白川の北に隣接する一乗寺向畑町《いちじょうじむかいはたちょう》で区画整理事業がおこなわれた。その際に、喜谷美宣（当時、立命館大学大学院生）らによって縄文遺跡が発見され、京都府教育委員会により緊急調査が実施された。調査は、佐原真（当時、京都大学大学院生）らが中心となり、京都大学・立命館大学・同志社大学の学生や地元の高校生・中学生も参加して実施された。

三地区に分けられた調査区からは、縄文後期後半を主体とする遺物がまとまって出土したが、注口《ちゅうこう》土器の優品（図15）を含む北部地区出土の土器群は、従来知られていなかった後期後葉の型式として、「一乗寺K式」と名づけられた。また、南部地区下層から出土した早期末前期初頭の土器も類例のほとんど知られていない土器であり、「一乗寺南地点下層式」とよばれた。その編年位置をめぐっては、今も議論が続いている。

一乗寺向畑町遺跡の発掘は、戦後におけるこの地一帯の縄文時代遺跡調査の端緒となった調査であった。同時に、北白川追分町遺跡や同・小倉町遺跡ではみつかっていなかった時期の遺物が多数出土したことで、この地一帯で展開した縄文遺跡群の実態を明らかにする重要な資料を得ることができた調査でもあった。

北白川追分町遺跡は残っていた

一九七二年六月三〇日、京都大学北部構内で進行していた農学部総合館の建設工事の現場に偶然立ち寄った理学部地質学鉱物学教室の学生たちがいた。彼らは、掘り返

図 15 ● 一乗寺向畑町遺跡出土の注口土器
体部はソロバン玉形で、口縁部は 2 単位の波状口縁となる。沈線で区画した帯のなかを附加条縄文で飾っている。高さ 24.8cm。

された土のなかに棒状の奇妙な石がころがっているのを発見した（図16）。縄文時代晩期の結晶片岩《けっしょうへんがん》製の石棒であった。発見当時を回想する岡崎美彦（当時、理学部大学院生）は、それが石棒であるとは判断できなかったが、結晶片岩というこの地域では産出しない石であることから、地質学鉱物学教室へと持ち帰ったという。

石棒はその後、石田志朗（当時、理学部助教授）の手をへて、文学部考古学教室に移された。地質学が専門の石田は、この頃、大学構内の各所でおこなわれていた工事現場を訪れては堆積物の克明な観察を続けていた。石棒発見の前年には、北部構内の工事現場で地表下二メートルの地層から弥生土器を採集し、考古学教室の小林行雄（当時、文学部講師）に同定してもらっている。こうして、大学草創期の造成工事によって消滅したと考えられてきた北白川追分町遺跡が、地中深く保存されていることが明らかになっていった。

おりから、北部構内では校舎建設の計画が続いていた。京都市とも協議をおこなった大学は、北部構内南西辺で計画されていた理学部事務棟の建設に先立って遺跡の発掘調査を計

図16 ●縄文晩期の石棒
結晶片岩製で、長さ62.7cm。1972年、校舎新営の工事現場で偶然発見された。
この発見を契機に京都大学構内での埋蔵文化財の調査・研究が組織化されてゆく。

画し、一九七二年一〇〜一一月にかけて石田志朗を担当者として調査を実施した（図17）。それは追分町遺跡発見からじつに半世紀ぶりの正式調査であった。

一九七六年には、京都大学構内遺跡調査会が組織され、校舎建設にともなう発掘調査に対応することになり、さらに七七年には京都大学埋蔵文化財研究センター（二〇〇八年、京都大学文化財総合研究センターに改組）が設立された。こうして調査組織が整備され、試掘調査や立合調査が繰り返しおこなわれた結果、北部構内だけでなく、さらに南に広がる京都大学吉田キャンパスのほぼ全域において、縄文時代も含む、各時代の多様な遺跡が存在していることがわかってきたのである。

編年研究から文化の研究へ

新発見が引き金となって、つぎつぎに新たな成果が生みだされることが考古学の世界ではよくある。

図 17 ●北白川追分町遺跡の 1972 年の発掘調査
発見から 50 年ぶりに発掘調査がおこなわれた。弥生前期末の洪水砂の下層から、弥生土器・石器がまとまって出土した。

北白川追分町遺跡の「再発見」も新たな成果を生みだすきっかけとなった。さきに一九七二年秋に五〇年ぶりに発掘調査が実施されたと述べたが、その後も校舎建設の計画は続き、七三年、七四年、七五年、七六年と毎年調査が実施された。こうした調査は現在に至るまで校舎新営などにともなっておこなわれてきている（図18）。

このような継続的な調査の結果、縄文中期以降の土器や石器などが多量に得られ、泉拓良や家根祥多らが出土した土器の編年研究に取り組んだ。そして、中期末の北白川C式土器、後期前葉の北白川上層式、晩期末の凸帯文《とったいもん》土器の編年が体系化された。

また、このような人工遺物以外に、中期の住居跡、後期の土器棺・配石遺構、あるいは晩期の土器棺など、集落を復元するための資料も得られ、さらに扇状地の末端に形成された低湿地では、弥生前期の厚い洪水砂にパックされた埋没林も発掘された。縄文時代の地形が現在とは異なって、起伏に富んだ地形

図18●北白川追分町遺跡の1983年の発掘調査
1972年以降、校舎の建て替えや新営にともなう発掘調査が現在にいたるまで連綿と続いている。

で、縄文人は扇状地の微高地上に居を構え、集落のまわりに水場となる小河川や低湿地部をたくみに取り込んでいたことがわかってきたのである。

こうした資料を整理した泉拓良は、この地域の縄文集落は小規模であって、ある一定の地域のなかで移動を繰り返した結果、遺跡群がつくられたこと、また中期末に画期があって低地部へと遺跡が進出することなどを明らかにした。さらに、近畿地方の縄文集落が東日本のように大規模化しない背景に、多種類の堅果類を用いるという生態学的観点を取り込んで、東西の縄文文化の質のちがいを指摘したのである。こうした理解は、近畿地方の縄文集落論の基礎となり、その基礎のうえに多様な集落論が現在展開されているのである。

第3章　縄文集落の移り変わり

本章では、この地に居住した縄文人たちがどのような生活を送っていたか、発掘成果をもとにして、時間的変遷のなかで語りたい。しかし、これはけっしてたやすいことではない。一口に「縄文時代」といっても、一万数千年間という長期にわたる。そのどこに位置づけられるのかを知るための年代的枠組みが必要となる。それが土器編年である。

図19の左側の欄は、一般に用いられている近畿地方の土器編年である。縄文草創期から晩期まで六期に大別されている。先に掲げた山内清男の「縄紋土器型式の細別と大別」（図14参照）に戦後、早期の前半部分が「草創期」として区分され体系化されたものである。

大別時期はさらに、土器の文様や形態などの特徴にもとづいて細かく区切られている。共通する特徴をもった土器の最小のまとまりを「型式」（○○式）とよんでいる。型式は、時期と地域を示す最小の単位であり、その特徴をもつ土器が初めてまとまって出土した遺跡の名前でよぶのが通例である。

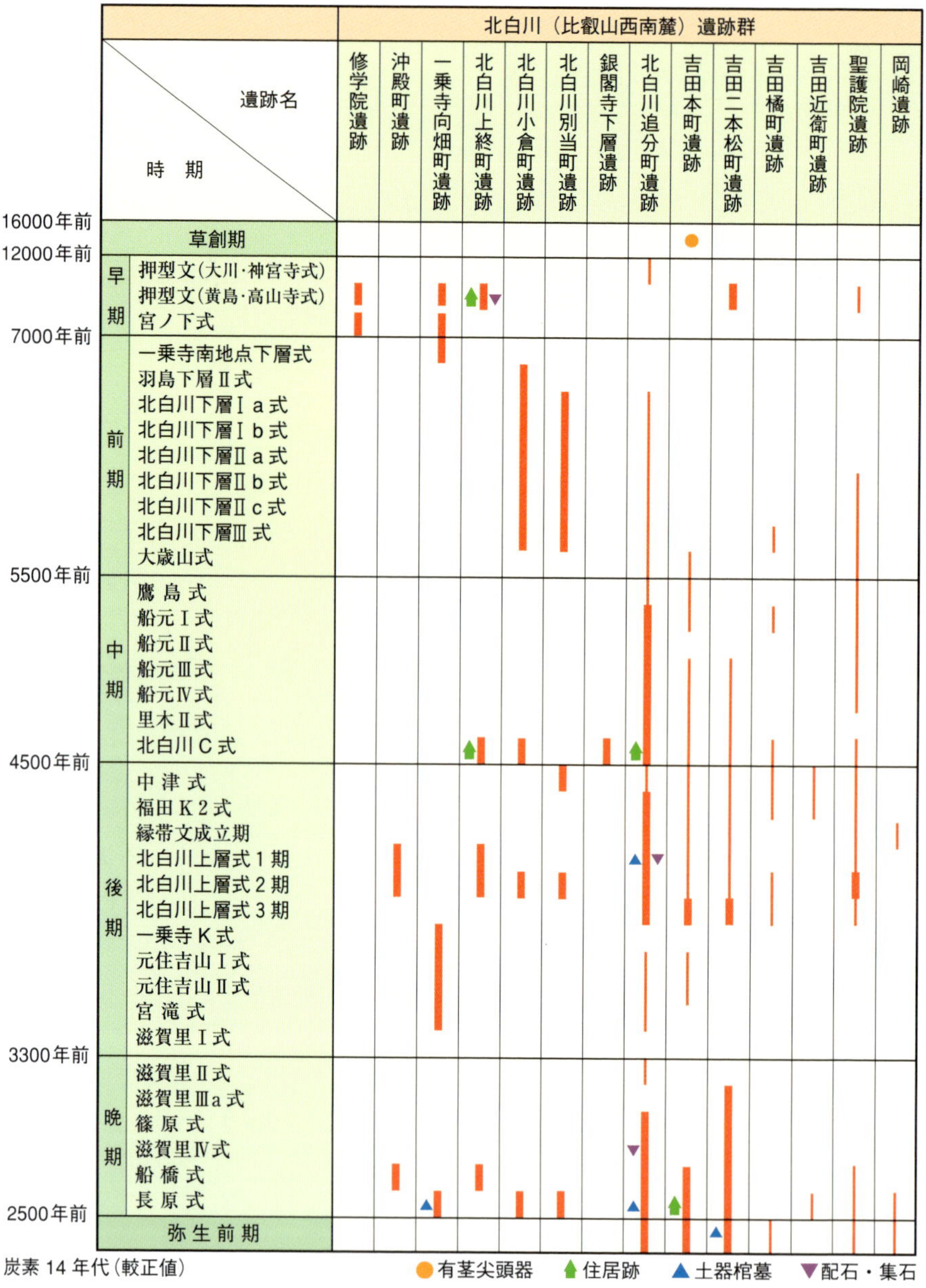

図19 ● 近畿地方の縄文土器型式編年と遺跡の盛衰
ゴシック体で表示した型式は、本書に関連ある遺跡に基づいて設定された。左端の数値年代は炭素14年代を補正した年代（較正年代）で、おおよその目安として示した。

本章では、土器型式が多く出てくるが、ある集落の実態を時間的変遷のなかで理解するためには避けて通れない。また、土器型式の特徴そのものが他地域との交流や影響関係を示す有力な手がかりともなるのである。

本書で登場する型式は、他地域の型式でなければ、図19のなかでその年代的位置を確かめることができる。なお、ゴシック体で表示した型式は、北白川遺跡群に属する遺跡が名称（標式遺跡）となっている。前期と後期のところで北白川遺跡群がおもな型式となっており、土器の編年研究において、この遺跡群が重要な位置を占めていることが理解できるだろう。

図の右側の欄には、北白川遺跡群の各遺跡がどのような変遷をたどっているかを表示した。太線は、まとまった量の遺物が出土しており、その時期に人の活動がその地でおこなわれたと判断できる時期であり、細線は出土量が微量であったり二次的な堆積物であったり、その地での活動痕跡としては希薄と考える時期である。またおもな遺構については、属する時期の脇に記号で示している。

この図を手がかりとしながら、この地で展開された縄文人の活動をみていこう。

1　人の活動がはじまる——縄文草創期・早期

草創期・早期の遺物

草創期に編年される土器は、この地域では発見されていない。草創期に属する可能性がある遺物は吉田本町《よしだほんまち》遺跡でみつかった有茎尖頭器《ゆうけいせんとうき》二点である（図20）。ただし、この二点は縄文時代の包含層からは出土しておらず、この地域を舞台に活動していた集団がいたことは想定されるものの、具体的なありようは不明というほかない。

早期に入ると、活動の痕跡が目立つようになる。北白川追分町遺跡から押型文《おしがたもん》前半期（大川《おおこ》式～神宮寺《じんぐうじ》式）の土器が出土している。今のところ、京都盆地最古の土器である。押型文後半期では、北白川上終町《きたしらかわかみはてちょう》遺跡で山形文盛行期の土器（図21）・石器とともに住居跡も発見され、当時の集落の姿がとらえられた。

この時期から黄島《きしま》式・高山寺《こうざんじ》式期にかけては、修学院《しゅうがくいん》遺跡、一乗寺向畑町遺跡、北白川上終町遺跡、吉田二本松町《よしだにほんまつちょう》遺

図 20 ● **吉田本町遺跡出土の有茎尖頭器**
ともにチャート製で凹基式。縄文草創期のもので、小型の部類に属する。右：長さ 4.1cm。

図 21 ● **北白川上終町遺跡出土の押型文土器**
押型文土器の変遷のなかで、山形文が盛行する時期の存在が明らかになった資料である。

跡、聖護院《しょうごいん》遺跡など、広い範囲で点々と遺物がみつかっている。京都大学吉田南構内に所在する吉田二本松町遺跡では、扇状地末端の斜面堆積層から黄島式土器が多量に出土しており（図22）、遺跡の東側、吉田山西麓あたりにも活動の拠点があったことが想定できる。

北白川上終町遺跡の住居跡

一九九一年、京都市埋蔵文化財研究所の調査によって、早期の竪穴住居跡一軒と集石土坑七基がみつかった。早期の住居跡は、京都盆地はもちろんのこと、京都府内ではじめての発見となった（図23）。調査地点は、白鳳寺院である北白川廃寺比定地内で（図5参照）、伽藍配置の復元を目的とした調査の副産物であった。

竪穴住居は長径二・七メートル、短径二・四メートルの楕円形の浅い凹みで、縁に柱穴とみられる小穴が一二個めぐっていた。その小穴の並びから、南側に入り口が設けられたと想定されている。集石土坑は、直径〇・六〜一・二メートルの規模をもつ浅い凹みに、拳大の石が入った土坑で、石のな

図22 ● 吉田二本松町遺跡出土の黄島式土器
楕円押型文を施文する押型文土器。右下２点は、押型文土器にともなう無文土器。

かには明らかに焼けているものや敲石《たたきいし》、磨石《すりいし》などの石器も含まれていた。

出土した土器は、黄島式直前の山形文盛行期の押型文土器で、少量の楕円押型文土器、撚糸文《よりいともん》土器も出土している。神並上層式《こうなみ》に後続し、楕円文が主体となる黄島式以前に編年される土器群で、押型文の前半期から後半期への移行期に、山形文が主体となる時期があることを示す重要な資料となった。石器は、石鏃、削器《さっき》、磨石、石皿、敲石などが出土している。

住居の規模や構造、調理施設との関連が想定できる集石土坑をともなうこと、また現在は埋没しているが、やせ尾根上に立地していることなどが近畿地方でみつかっている押型文土器期の集落構成と共通する特徴をもっている。前期以降の扇状地の上に立地する集落とは明確に異なっていることが注目できるだろう。

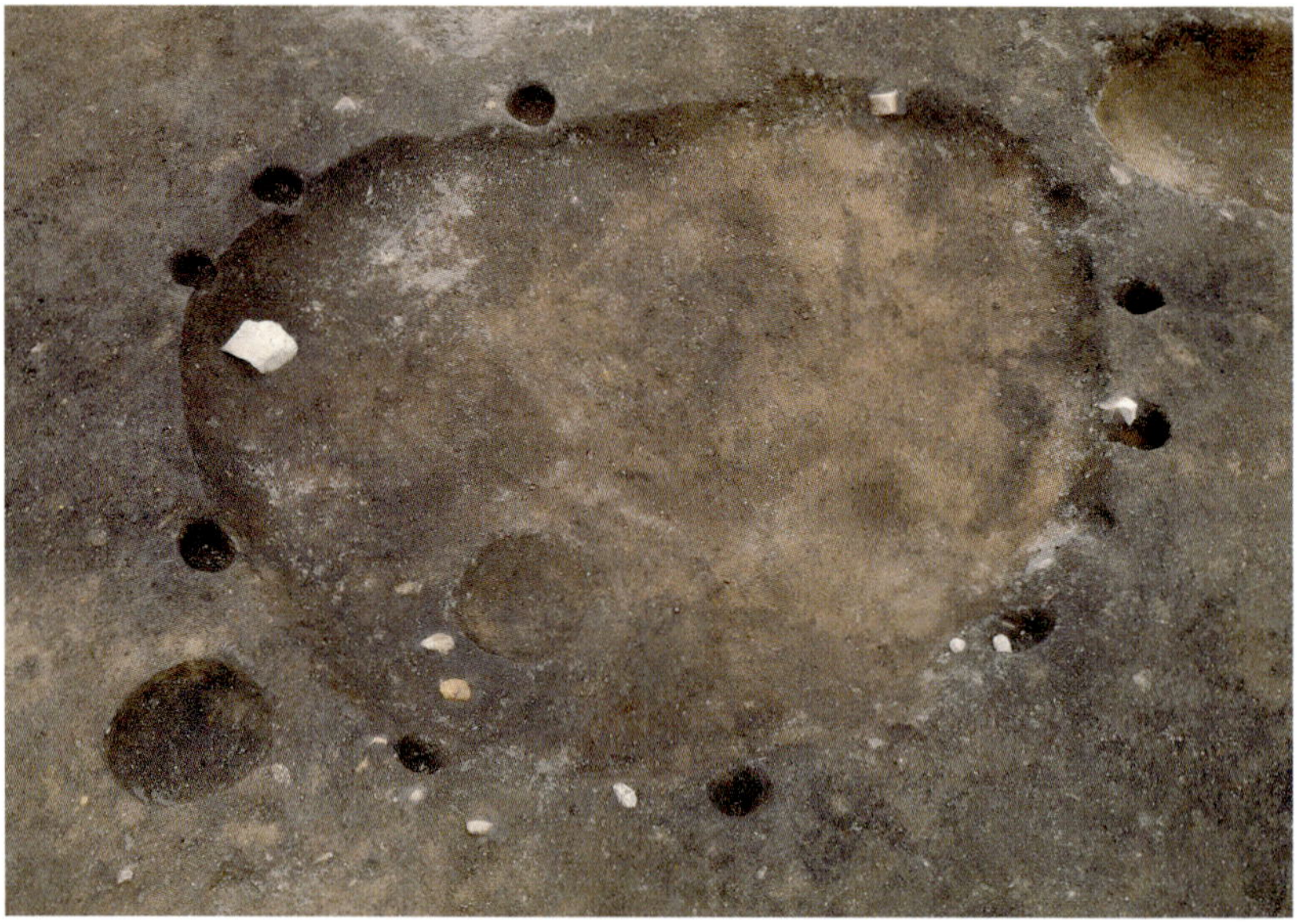

図 23 ● 縄文早期の住居跡
北白川上終町遺跡でみつかった竪穴住居跡。やせ尾根上に立地する。
柱穴の並びから、南側（写真上側）に出入り口が想定される。

東西を分ける土器？

早期後半から前期初頭にかけては、一転して遺跡は減少し、修学院遺跡と一乗寺向畑町遺跡に限られてしまう。遺物も少量の土器が確認できるにすぎない。しかし、一乗寺向畑町遺跡は扇状地上に立地しており、ここに活動拠点（居住地）が存在したとすれば、前期以降につながる立地形態がこの時期に成立したといえよう。

一乗寺向畑町遺跡の南地点下層から出土した土器は、表裏に縄文を施す土器と条痕地に隆帯を施すものに分けられる（図24）。

前者は近畿北部から山陰地方に分布する宮ノ下《みやのした》式あるいは菱根《ひしね》式とよぶ表裏縄文土器に比定できる。繊維をほとんど含まず薄手なので、その新相に位置づけられるものであろう。

後者は瀬戸内の羽島下層《はしまかそう》Ⅰ式に類似した特徴をもち、「一乗寺南地点下層式」とよばれている。比叡山を越えた琵琶湖湖岸地域では、早期後葉に東海条痕文系の諸型式が変遷したあと、条痕地に刺突文で文様を描く「粟津《あわづ》

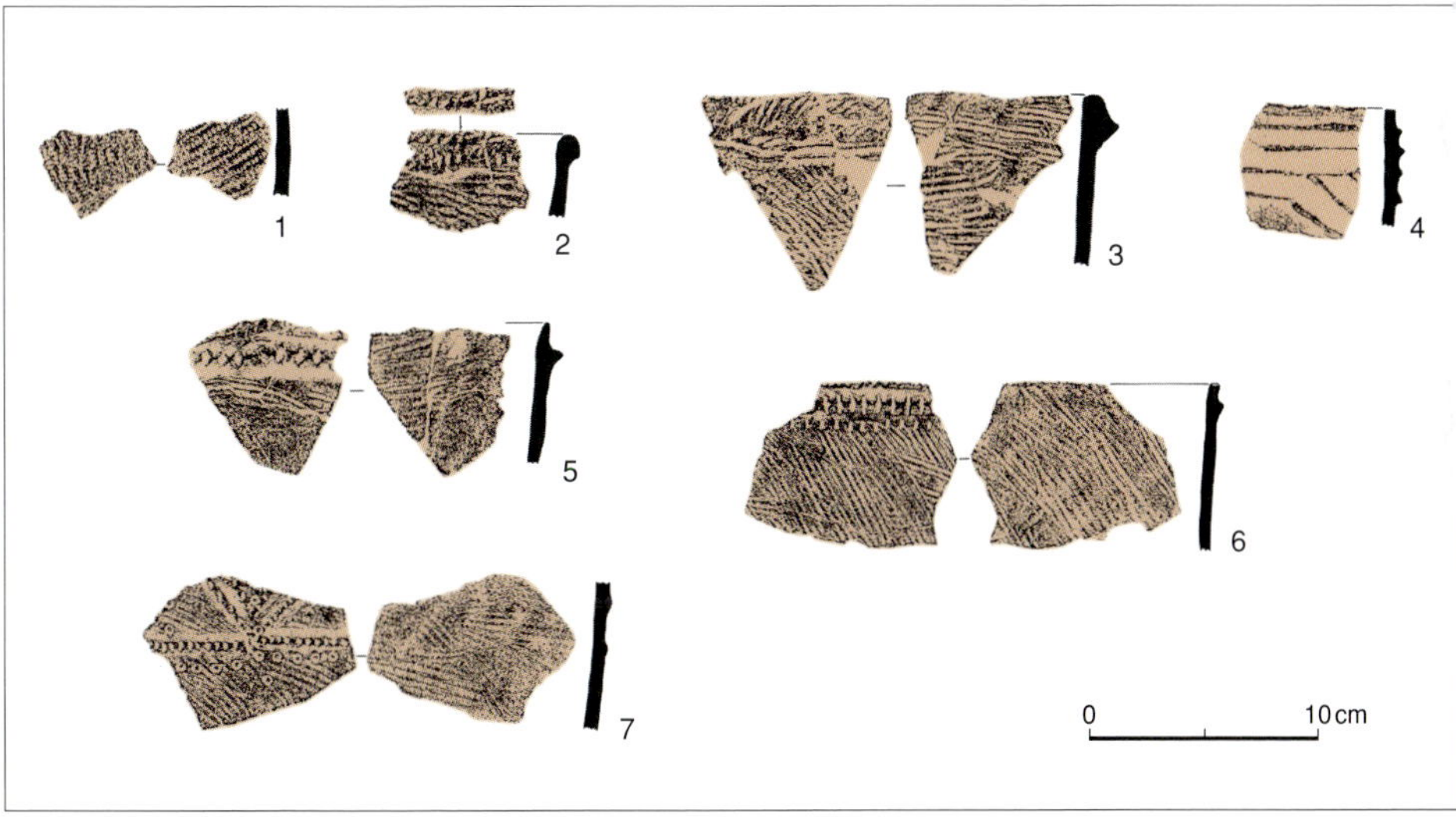

図24 ● 一乗寺向畑町遺跡出土の早期末前期初頭の土器
1は内外面に縄文を施文する表裏縄文土器。残りは条痕地の「一乗寺南地点下層式」。各拓本は、向かって左が外面、右が内面を示している。

ＳＺ１群」（ＳＺは、「早期」と「前期」のローマ字表記Souki, Zenkiの頭文字）という型式が成立しており、一乗寺南地点下層式は出土していない。

こうした分布状況から、比叡山地を境界にして、西に一乗寺南地点下層式、東に粟津ＳＺ１群が地域差をもって分布する可能性が指摘された。その一方で、両型式のちがいは年代差であるとして、一乗寺南地点下層式を古く粟津ＳＺ１群を新しく編年する見解も提起されている。しかし、その系統（出自）をどこに求めるのかといった点も含めて、まだ十分に解明されていない。

早期後半から前期初頭というこの時期は、広域にわたって土器型式のダイナミックな動きがみられた時期である。先に記した表裏縄文土器は日本海側の型式であるが、その系統は北陸を介して東北地方の縄文条痕系土器につながっている。表裏縄文土器に後続して山陰地方で成立する西川津式は兵庫県の藤《ふじ》江《え》川《かわ》添《ぞえ》遺跡でも出土しており、大阪湾沿岸部まで進出している。

この時期、近畿地方には隠岐産の黒曜石が流入しており、四国の金山産サヌカイト、あるいは東九州の姫島産黒曜石が本格的に流通しはじめるのもこの頃からである。

この時期は地球的規模で温暖化がピークに達した時期でもある。年平均気温が現在よりも二度ほど高く、海面も現在より数メートル高くなった。日本列島では縄文海進とよばれるこの温暖化によって、瀬戸内海がほぼ今ある姿となり、また現在にいたる植生の基盤が形作られたのである。瀬戸内海が成立したことによって物流の発達が促進され、それが土器型式の複雑な動きとしてあらわれているとみることもできるだろう。

2　扇状地の集落――縄文前期・中期

石器製作をおこなった前期の集落・北白川小倉町遺跡

縄文前期になると、扇状地上での本格的な集落形成がはじまる。北白川小倉町遺跡の成立である。遺跡は白川扇状地中央部の平坦面に立地する（図5参照）。

住居跡は確認されていないが、遺物の集中地点が存在し、大量の土器や石鏃・石錘・石錐・石匙《いしさじ》・磨製石斧・打製石斧などの石器（図25）が約五〇〇点出土したほか、石器製作をうかがわせる大量の剝片類が出土している。後期の遺跡も重複しているので、石器や剝片類のすべてが前期に属するとはいえないが、前期特有の正三角形を呈する石匙や石鏃の形態からみて、石器の主体は前期にあるとみてまちがいないだろう。

このように考えてよいとすれば、北白川小倉町遺跡は、この時期に石器製作をおこなった集落と理解できる。羽島下層Ⅱ式以降、前期の大部分を通じて集落は継続するが、前期末の大歳《おおとし》山《やま》式はまったくみられず、それ以前に集落は廃絶している。

北白川別当町《きたしらかわべっとうちょう》遺跡もこの時期の居住地と認定できる遺跡である。小倉町遺跡から二〇〇メートル前後東の一段高い扇状地面に立地する（図5参照）。北白川下層諸型式がまとまって出土しているが、小倉町遺跡同様、大歳山式以前に廃絶している。

この二つの遺跡の関係が問題となるが、別当町は北白川下層Ⅱc式・Ⅲ式が主体となり、Ⅱa・Ⅱb式が主体となる小倉町遺跡とは盛行期にちがいがある。二つの集落が同時に併存したというよりは、同一集団が両集落間を移動した、と考えたほうがよいかもしれない。

北白川下層式は北白川追分町遺跡や京都大学医学部構内の吉田《よしだ》橘町《たちばなちょう》遺跡あるいは京都大学病院構内の聖護院遺跡などでもみつかっているが、遺物はごく少量であったり、二次的移動を示す出土状況である。こうした遺跡は、小倉町遺跡、別当町遺跡を核とした集団の活動範囲と理解することが妥当であろう。

北白川下層式と諸磯式

第2章で述べたように、小倉町遺跡の調査は戦前におこなわれている。

縄文土器を整理分類した小林行雄は、①第一類、②第二（A〜Cに細分）・三・四類の一部、③第四類の一部・五類、④第六・七類の四群に大別し、この順序での変遷を想定した。このうち、第一類〜第五類が前期の土器であり、戦後、北白川下層Ⅰ式、

図 25 ● 北白川小倉町遺跡出土の石器
石鏃（左辺）、石錐（右上）、石匙（中央・右下）の類。平面形が整った三角形を呈する石匙は北白川下層式にともなう特徴的なものである。縦型の石匙が赤いチャート製であるほかはすべてサヌカイト製。右下の石匙：縦 4.2cm。

同・下層Ⅱ式（a～c）、同・下層Ⅲ式に再編成され編年の基準資料となった。

北白川下層式は爪形文《つめがたもん》や凸帯文《とったいもん》が特徴の土器である（図26）。下層Ⅰ式は表面が条痕仕上げで、爪形文の形がD字を呈するⅠa式と、C字を呈するⅠb式に細分される。下層Ⅱ式は0段多条の縄文が施文されるようになり、C字形爪形文が施文される段階である。爪形文を連続的に施文するⅡa式、爪形文の上下を平行沈線で画するⅡb式、

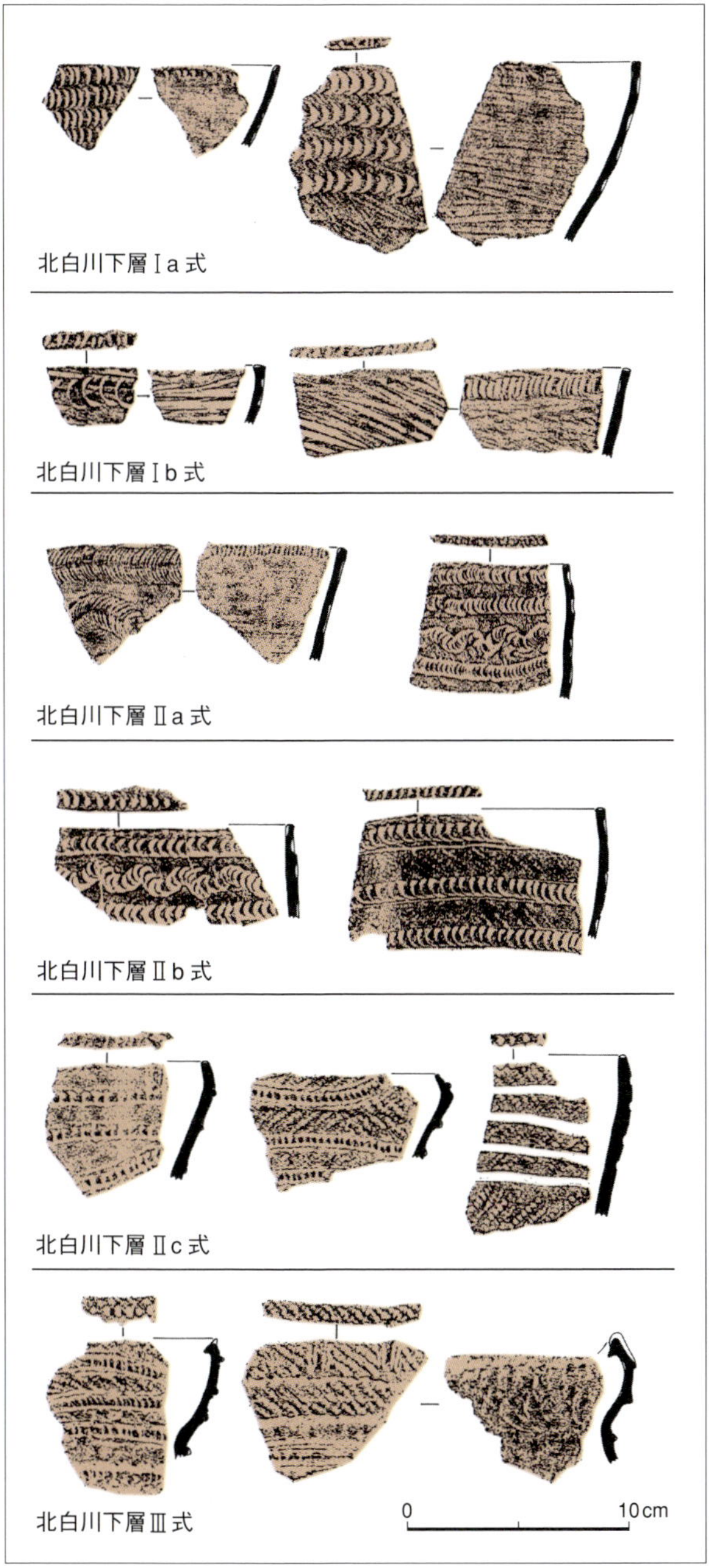

図26 ● 北白川下層式土器の変遷
北白川小倉町遺跡での土器の変化が近畿地方における前期土器編年の指標となっている。

凸帯文が出現するⅡc式に細分できる。下層Ⅲ式は、「特殊凸帯文」とよぶ、凸帯幅よりも狭い竹管状の施文具を用いて凸帯上に押引き文や平行沈線文をつけるのが特徴の土器である。

北白川下層式の変遷は、その前段階の羽島下層Ⅱ式から連続的、漸進的な変化として追えるが、凸帯文は新出の要素である。関東地方の諸磯《もろいそ》式の影響を受けたものだろう。諸磯式系統の浅鉢がみられるのはちょうどこの頃であり、ベンガラや赤色漆を塗彩した土器が多くみられるのも下層Ⅱc式の頃である（図27）。

北白川小倉町遺跡から北白川追分町遺跡へ

中期に入ると、縄文前期に集落が展開した北白川小倉町遺跡から一段低い扇状地面にのる北白川追分町遺跡へ活動拠点が移動する。この背景について考えてみよう。

小倉町遺跡のある場所は、遅くても約七〇〇〇年前までには扇状地が形づくられ、陸地として安定した地

図27 ● 北白川小倉町遺跡出土の前期土器
4単位の波状口縁の土器は北白川下層Ⅱa式、残りはⅡb式。右端手前の小型鉢はベンガラによる赤彩が施されている。右端手前の鉢：高さ6.6cm。

点となっていた。一方、中期に入ってから集落ができる追分町遺跡周辺が安定するのは、遺物の出土状況などからみて、早くても前期末（約五五〇〇年前）である。

この頃までに、居住地点となる微高地の南側には小河川が流れ、西側には後背湿地が広がる地形が出現した。北白川追分町遺跡は、このような扇状地の扇端の小地形をたくみに利用した集落である。つまり、小倉町から追分町への移動は、自然環境の変化と連動して、住める場所・住みやすい場所へと集団が移住したと考えることが可能である。ただし、集落の移動をこのような自然的要因だけで理解してよいのか、つぎのような問題もある。

小倉町遺跡から追分町遺跡への集落変遷は、前期末という時期をはさんでおこなわれている。この時期は、近畿地方全体で遺跡が減少する時期にあたっており、土器型式の動きをみると、それまでの近畿に中心のある型式圏から瀬戸内に中心のある型式圏へと、土器型式圏が変動する時期にあたっている。

土器型式の動きと集落・遺跡群の消長を重ねてみると、土器型式圏の変化と集落の廃絶や移動、遺物出土量などに示される繁栄・衰退がある程度連動していることも想定できる。土器型式圏の変動をひきおこすような広域にわたる、ある種の社会的変動が個々の集落の動向にも深く関与していたことを考える必要もあろう。

微高地に営まれた中期の集落・北白川追分町遺跡

縄文前期末（大歳山式）から中期前葉（鷹島《たかしま》式・船元《ふなもと》Ⅰ・Ⅱ式）の遺物は、北白川追分町遺

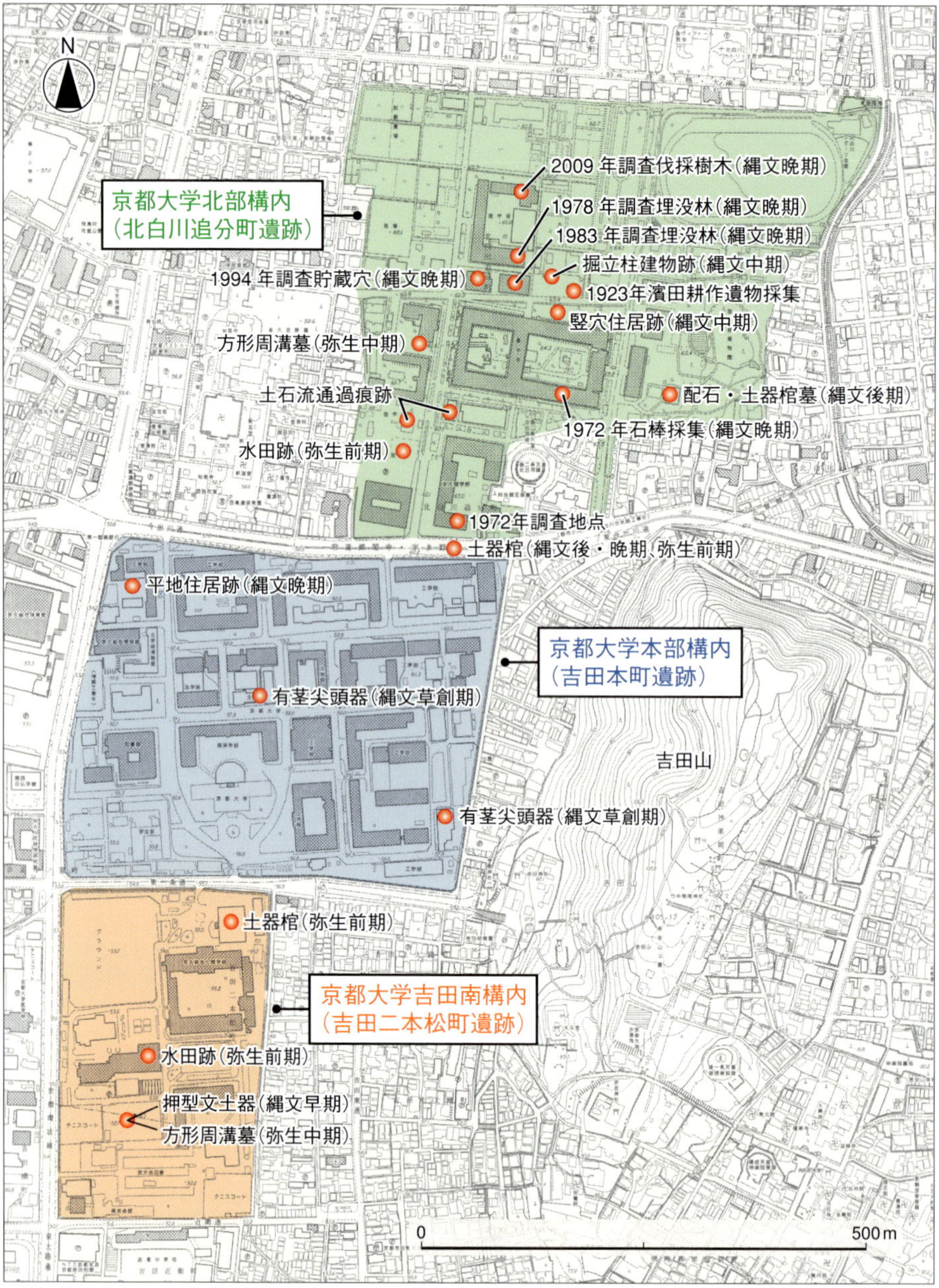

図28 ● 北白川追分町遺跡、吉田本町遺跡、吉田二本松町遺跡のおもな調査地点
京都大学吉田キャンパス内に位置し、多くの地点で調査が実施されている。

跡や吉田本町遺跡、あるいは聖護院遺跡など（図5・19参照）にみられるが、出土量はそれほど多くない（図19参照）。このなかで、その後の展開も考慮すると北白川追分町遺跡が活動拠点となる可能性が高いが、仮にそう考えるとしても遺物の出土量からみて、集落規模は縮小したように思われる。先に記した土器型式圏の変動と地域集団の動きとの関係は、この頃まで影響を与えていたとも考えられる。

北白川追分町遺跡で安定して遺物が出土するようになるのは船元Ⅲ式以降で、中期末の北白川C式期にもっとも繁栄するようになる。濱田耕作が最初に試掘調査した地点は微高地上にあたっており、後世の開発で削られた部分が大きかったので、遺構の発見にいたらなかったが、一九七〇年代以降、濱田地点の周辺の調査で、中期末の竪穴住居跡二軒のほか、掘立柱建物跡、土器だまり、焼土などがみつかり、微高地上に集落が展開していた様子が明らかとなった。

竪穴住居は一辺約五メートルの隅丸方形で石囲炉を

図29 ● 北白川追分町遺跡の竪穴住居跡
周溝をめぐらし、床面中央に石囲炉をもつ。中期末の北白川C式の時期。

もつタイプ（図29）と、輪郭は不明ながら住居中央に地床炉をもつタイプがみつかっている。建物跡は一間×六間（以上）の長方形をした柱穴列である。平地式と考えられ、二軒みつかっている竪穴住居とは構造が異なることから、通常の住居とは異なる機能・性格が想定される。住居数軒に、倉庫あるいは祭祀に関連する建物が附属する集落と考えられる。

中期末・北白川C式期の住居跡は、追分町遺跡から北東約六〇〇メートルの北白川上終町遺跡でも一軒みつかっている。石囲炉をもつ住居であるが、中期末の土器は炉内出土の一点にとどまっている。調査面積などを考慮する必要はあるものの、追分町遺跡とは明らかなちがいがあることに注目したい。

文化変革期としての中期末

近畿地方の中期末の土器型式は、北白川追分町出土資料を基準に北白川C式とよばれ（Cは、「中期」のローマ字表記Cyukiの頭文字）、地点ごとの内容のちがいから、四期に細分されている。前段階の船元式～里木《さとぎ》Ⅱ式の諸型式が瀬戸内地方に分布の中心をもつ型式であったのに対して、北白川C式は加曽利《かそり》E式をはじめ

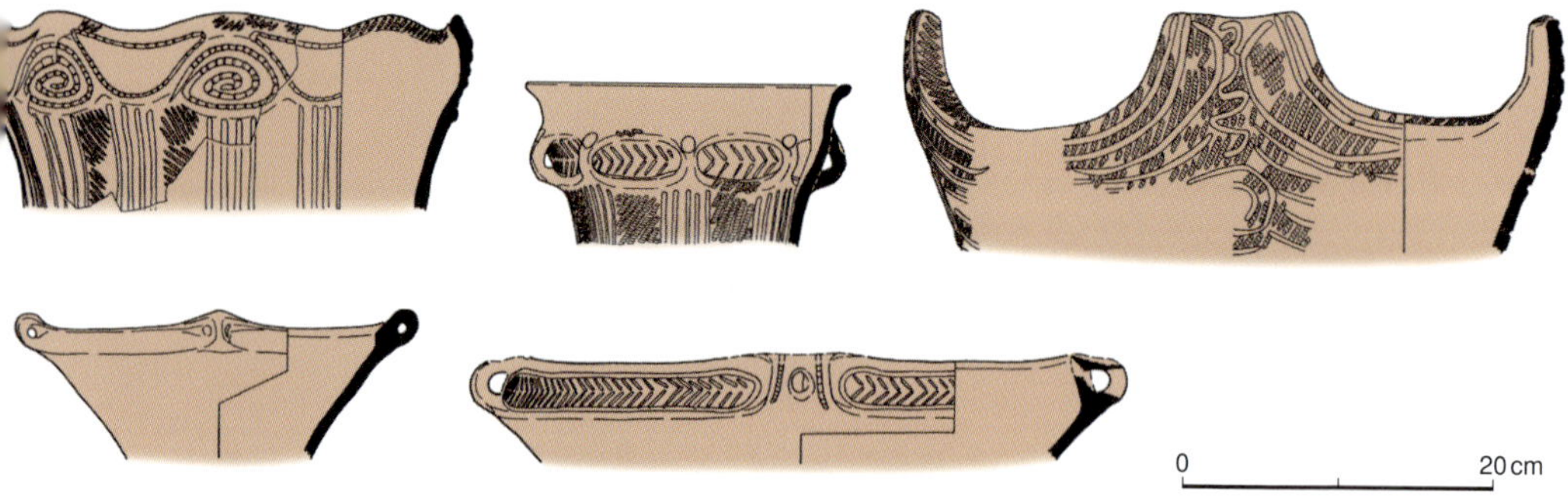

図30 ● 北白川追分町遺跡出土の北白川C式2期の土器
上段に深鉢、下段に浅鉢のおもな器形を配列した。
前段階までと異なって、器形が多彩になっている。

とする東日本の強い影響のもとに生みだされた型式である。文様意匠は多岐にわたり、器形も口縁部が波状口縁あるいは水平口縁の深鉢以外に、浅鉢や両耳壺《りょうじこ》が出現する（図30）。

このような土器系統の交替ばかりでなく、近畿地方ではこの時期、石囲炉の採用や、埋設土器、打製石斧の増加、大型石棒の出現など、土器以外にも東日本の縄文文化の影響が認められ、文化総体としての変革がこの時期にあったことを示している。

3　集落の拡大と衰退——縄文後期・晩期

縄文後期前半の状況

その後、縄文中期末に栄えた様子とは対照的に、後期初頭（中津《なかつ》〜福田《ふくだ》Ｋ２式）は一転して遺物の出土がほとんどみられなくなる。こうした衰退期をはさんで、後期前葉（北白川上層式１期〜３期）に再び遺跡は拡大期を迎え、広い範囲で活動の痕跡が認められるようになる（図19参照）。

沖殿町《おきどのちょう》、北白川上終町、北白川別当町、北白川小倉町、北白川追分町、吉田本町、吉田二本松町、聖護院などの各遺跡（図５・19参照）で遺構が存在するか、あるいはまとまった遺物が出土しており、活動拠点とみられる。土器型式別にみると、二〜三程度の活動拠点が併存していたと考えられる。

住居跡がみつかった遺跡はないが、北白川追分町遺跡では北白川上層式１期の配石九基と土

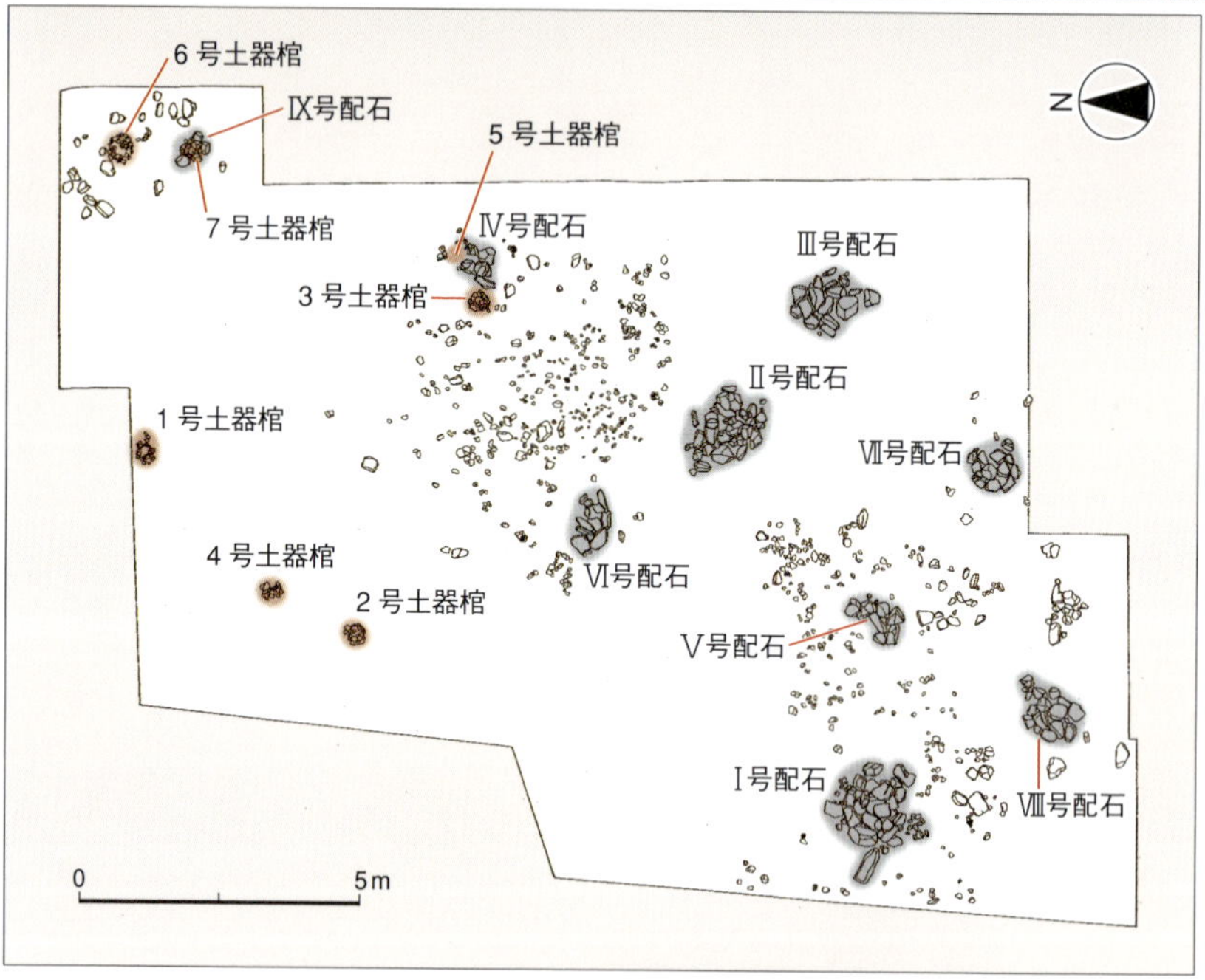

図31 ● 北白川追分町遺跡の配石・土器棺
後期前葉の北白川上層式1期の時期。南側に配石、北側に土器棺がかたよる。

器棺七基が南北一七メートル、東西一四メートルの狭い範囲内でみつかっている（図31）。配石は南側、土器棺は北側にかたよる傾向にある。調査区北東隅に位置するⅨ号配石と調査区東壁ぎわに位置するⅣ号配石は、土器棺を埋設し、その上部に構築されている。土器棺が幼児用か、あるいは成人の再葬用であるかは不明であるが、配石も含めて墓域あるいは祭域的な性格が強い。土製耳飾《どせいみみかざり》も五点みつかっている。いずれも臼形で、中央に小孔をもつタイプである（図32）。

これらの遺構は住むのに適していない扇状地の谷部にある。同遺跡内の微高地上にこの時期の住居が営まれた可能性も捨てきれないが、現状では確認できていない。同時期の遺物が出土している北白川上終町遺跡や吉田本町遺跡、あるいは聖護院遺跡も居住地の候補となろう。

こうした想定が正しければ、この地に居住した縄文人はかなり広い領域のなかで、地形環境に応じて居住域や祭域・墓域を配置しつつ生活していたことになる。墓地が居住域から分離する傾向は、近畿地方ではこの頃にきざしがあらわれ、後期後葉以降に明瞭となる。

図32 ● **北白川追分町遺跡出土の土製耳飾**
臼形でいずれも中央に小孔がある。中央の耳飾には朱による赤彩があざやかに残る。左右の2点は出土位置から、一対の可能性が高い。中央：端部径2.8cm

東日本との交流

活動が拡大した後期前葉の土器型式は北白川上層式である。北白川小倉町遺跡の上層から出土した土器を基準に設定された。その後、北白川追分町遺跡や吉田二本松町遺跡など隣接する遺跡でみられる細かな差異にもとづいて、1期〜3期に細別されている。拡張した口縁部に集約した文様をもつ深鉢が特徴的で（図33）、西日本で広く縁帯文《えんたいもん》土器と呼称される土器の仲間である。文様のあるなしによる区別や、深鉢・鉢・浅鉢・注口土器など器種が増えている。

注目すべきことは、上層式1期・2期には関東地方の堀《ほり》之内《のうち》1式・2式の有文深鉢が共伴することである。これらは一定程度の出土量があることや使用された胎土の分析から、搬入品で

図33 ● **縁帯文土器**（聖護院遺跡）
肥厚した口縁部が突起状波状口縁となる縁帯文土器。波頂部に渦巻文を配し、それをつなぐように長方形区画文が描かれている。復元高：36cm。

はなくて在地で製作された土器が大多数を占めていることが明らかになっている。要するに、関東に系統をたどることができる土器が、北白川上層式という型式の構成要素の一つとなっているのである（図34）。

さらに興味深いことは、こうした関東的な土器が、関東地方での型式変遷とほぼ同調して変化していることである。このような事実は、関東系土器の製作情報が偶発的、短期的に近畿地方に伝えられて、それが受動的に受け入れられたというようなものではなく、近畿地方の土器製作集団が東日本の情報更新の機会につねに接しており、さらに特定の器種を選択し、特定の意味を付与していたことを示唆しているのだろう。

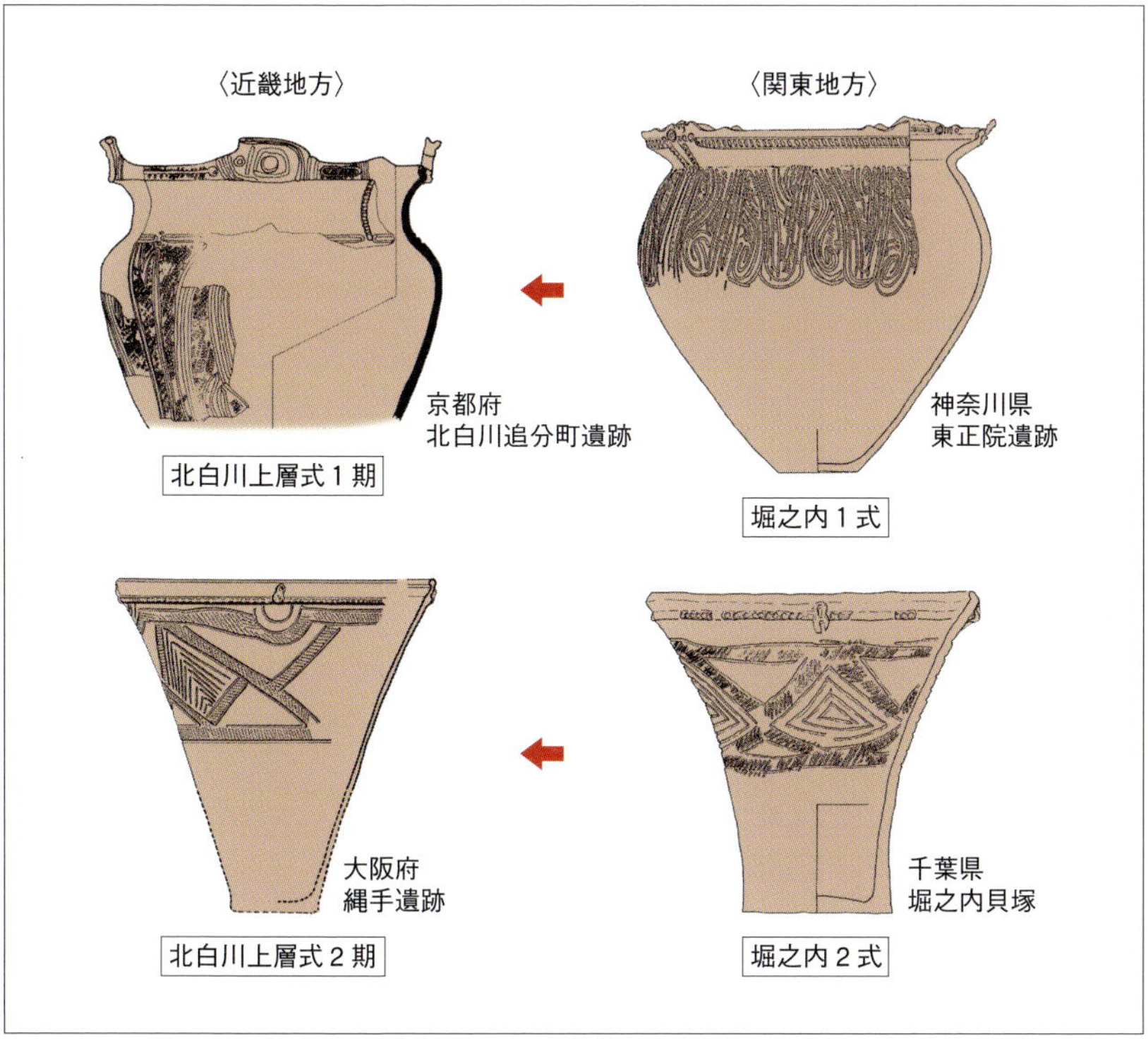

図34 ● **北白川上層式土器と堀之内式土器**
北白川上層式には、関東地方の堀之内式そのものといってもよいものが、型式構成要素の一つとしてある。

特徴的な胎土の土器

この時期の土器には、東日本との密接な交流が認められるということを前項で述べたが、土器を作る材料にも、興味深い特徴がみられる。

縄文土器をどこで製作したか、この点についてはじつはよくわかっていない点が多いのだけれども、遺跡から出土する土器の多くは、通常その遺跡ないしは近隣の遺跡で製作されたと考えられている。その場合、土器の材料となる粘土や粘土に混ぜ込む砂（混和材《こんわざい》）なども、やはり近隣で調達されたと想定できる。よって、もし遺跡周辺で調達できないような粘土や砂で作られた土器があるとすれば、それはそのような粘土や砂が調達できる地域で製作された土器が搬入されたと一般的には想定されることになろう。

京都盆地東北部に所在する北白川遺跡群は花崗岩に由来する扇状地に立地しているので、土器も通常は花崗岩に由来した砂粒を含んでいるのが普通である。ところが、北白川上層式2期の土器には、角閃石《かくせんせき》や輝石《きせき》を多量に含み、暗褐色を呈する特徴的な胎土の土器が高い比率で含まれている（図35）。聖護院遺跡で出土したその時期の土器の出土数を数えたところ、特徴的な胎土の土器は出土量の四割を超える比率になることが明らかになった。

近畿地方では、こうした特徴をもつ胎土は一般に、大阪の生駒山西麓で出土する土器の胎土として知られている。そうだとすれば、聖護院遺跡でみつかった四割もの土器は生駒山西麓の遺跡から運ばれてきたのであろうか。

この点に関連して、京都盆地西南部に位置する向日市石田遺跡で二〇〇九年、注目される発見があった。この時の調査では、後期後葉の宮滝《みやたき》式土器が多量に出土した。この土器も出土量の約半数に角閃石が含まれるという特徴をもっていた。そして、こうした土器にともなって、角閃石を含む特徴的な胎土で作られた焼成粘土塊《しょうせいねんどかい》（焼けた粘土のかたまり）や閃緑岩《せんりょくがん》がみつかったのである。閃緑岩は、角閃石などの混和材の原材となり、しかもこの地域では産出しない岩石である。調査を担当した中塚良は、焼成粘土塊は搬入された粘土を試し焼きした産物であり、閃緑岩はそれを砕いて粘土に混ぜ込んだのではないかと推定している。

これが事実であるならば、土器作りの材料（粘土・砂）は遺跡周辺で調達される場合もあったが、遠隔地からはるばると運ばれる場合もあったということになろう。特徴的な胎土は、京都盆地周辺ではある特定の土器型式に限って認められる。土器の材料調達の方法が時期によってなぜ異なるのか、興味深い課題であろう。

図 35 ● **北白川上層式 2 期の土器**（聖護院遺跡）
左 5 点が角閃石や輝石を含み暗褐色を呈する特徴的な胎土の土器。
右 6 点は、この地域でみられる通常の胎土の土器。

縄文後期後半の遺跡

遺跡が拡大期を迎えた縄文後期前半の状況に対して、後半期は一転して遺跡数が減少し、一乗寺向畑町遺跡が活動拠点となる（図5・19参照）。一乗寺向畑町遺跡は一九六一年に発掘調査、一九七八年に試掘調査がおこなわれ、後期後半に属する遺物が多量に出土している。

一九六一年の調査では、調査区が北部・中央・南部の三地区に分けられており、南部地区からは元住吉山《もとすみよしやま》Ⅰ式、中央地区からは元住吉山Ⅱ式・宮滝式が出土し、北部地区から出土した土器は新型式として一乗寺K式が設定されている。

一乗寺K式（Kは「後期」のローマ字表記Koukiの頭文字）は、直線的な帯縄文《おびじょうもん》や末端を折り返した附加条《ふかじょう》縄文、結節《けっせつ》縄文、貝殻擬似《ぎじ》縄文などを特徴としている。波状口縁の深鉢は北白川上層式3期からの三単位を継承する（図36）。有文土器は、器壁が薄く、文様のない部分はていねいに磨かれ黒色に焼き上げられた

図36 ● 一乗寺向畑町遺跡出土の土器
3波状口縁の深鉢。精緻なつくりで、附加条縄文で飾っている。高さ27.8cm。

精緻なものが多い。こうした特徴は同時期の関東地方や東北地方の型式とも共通するもので、土器製作が広域にわたって連動していることを示している。

空白期の後期末〜晩期前葉

つぎの縄文後期後葉の宮滝式以降、滋賀里《しがさと》Ⅰ式・Ⅱ式・Ⅲａ式の時期（後期末〜晩期前葉）の遺跡は、この地域ではほとんどみられなくなる（図19参照）。もちろん遺跡の発見は偶然の要素に依存している部分も大きいから、調査のおよんでいないどこか別の地点に、この時期の遺跡が眠っている可能性は否定できない。しかし、京都大学の構内についていえば、すでに三〇年以上にわたって多数の地点を調査したにもかかわらず、この時期の遺物はほとんどみつかっていないのである。

一方、周辺地域に目を向けてみると、比叡山をはさんで東側の琵琶湖の西岸には滋賀里遺跡や穴太《あのう》遺跡が、あるいは南側の山科盆地には中臣《なかとみ》遺跡が、北白川の地域で遺跡が空白となる時期に栄えた（図54参照）。北白川の地に住んだ人びとがなんらかの理由でこの地を離れ、これらの集団に合流した可能性を考えたくなる現象である。

こうした想定がもし正しいとしたら、この土地を離れる理由として、自然環境の変化を考えてみたい。次章で述べるように、この地域には大規模な土砂災害が数百年に一度の頻度で生じている。この時期、こうした土砂災害に遭遇した縄文人は、悪化した環境のなかにとどまることをせず、隣接する周辺の集落に合流することによって、難を逃れようとしたのかもしれない。

4　弥生への移行期のなかで

再び活動がはじまる

この地で再び活発な活動がみられるようになるのは、縄文晩期中葉の篠原《しのはら》式からである。北白川追分町遺跡や吉田二本松町遺跡が晩期中葉以降、活動拠点となっており、両遺跡は弥生前期へと継続する（図19・28参照）。晩期末（凸帯文土器期）には、土器棺が出土した北白川追分町遺跡や一乗寺向畑町遺跡をはじめ、広い範囲で活動の痕跡がみられるようになる（図37・38）。

二〇〇九年、吉田本町遺跡で、弥生前期の土器をともなわずに縄文晩期末（長原《ながはら》式）の平地式の長方形住居や円形住居がみつかった。長方形の平地式住居は、二間×三間（三・二メートル×四・四メートル）の住居で、中央に炉が設置されていた（図39）。

この地点は、のちに弥生前期の土石流でおおわれてしまう低地部であり、縄文晩期集団の活動の中心地とは予想していなかった地点なので、意外な発見であった。この地域の縄文人は、なぜこのような低地へ進出してきたのであろうか。

図37 ● 北白川追分町遺跡の配石土坑
微高地の緩斜面で滋賀里Ⅳ式土器2個体が周囲に礫を配した状態でみつかった。

縄文晩期の稲作

縄文晩期の集団がより低地へと進出する背景に生業の問題を考える必要がある。縄文晩期末の凸帯文土器期には、西日本の広い地域で、コメやアワの圧痕がついた土器がみつかっており、滋賀県の竜ヶ崎《りゅうがさき》A遺跡では、長原式土器の底部内面から炭化したキビもみつかっている。この時期、縄文晩期の集団が低地に積極的に進出した背景に、こうした植物栽培があったとみることができる。

北白川追分町遺跡では、一九七八年度の調査で、晩期末の泥炭層からイネの籾殻四点が確認されていたが、二〇〇九年度の調査では、晩期末の腐植《ふしょく》土層から、イネの籾殻・籾軸が一〇〇点以上もみつかったほか、イネの植物珪酸体《けいさんたい》も確認された。このほかアワの炭化穎《えい》果《か》も一〇点以上みつかっている。これらの堆積物は、弥生前期の地層よりも明らかに下位

図 38 ● 北白川追分町遺跡出土の縄文晩期の土器
左は上からみると方形の浅鉢。滋賀里Ⅳ式。右は２条凸帯文深鉢。長原式。凸帯文土器期を通じて浅鉢は減少していく。右：復元高 27.5cm。

の地層で、弥生前期の遺物を含まないことが重要である。

　このほか、この地域における晩期稲作に関係する資料としては、吉田二本松町遺跡の晩期末凸帯文土器（船橋《ふなはし》式〜長原式）二点の胎土から、イネの植物珪酸体が確認されている。

　追分町遺跡の二〇〇九年度調査の分析を担当した那須浩郎は、遺跡周辺の森の一部を切り開き、その結果出現した明るく開けた二次林に隣接する湿地を利用して初期水田を営んでいたこと、さらに、微高地部ではアワを畑作していたことなどを指摘している。

　この時期の植物栽培が生業のなかでしめる比重はそれほど大きなものではなかったと推定するが、こうした経験は、やがてこの地で展開されることになる弥生前期の灌漑水田へとつながったのであろう。

図39 ● 吉田本町遺跡の平地住居跡
ピンポールのさしてある穴が柱穴。中央のピンポールは炉の位置を示す。晩期末の長原式の時期。

弥生前期の集落と水田

縄文晩期遺跡との関連で、この地域の弥生前期の様相を概観しておこう。弥生前期の水田遺構が北白川追分町遺跡と吉田二本松町遺跡でみつかっている（図40）。いずれも前期の後半段階に属する。谷部を利用した小区画水田である。

この時期の居住地は、両遺跡の水田がみつかった地点よりも一段高い微高地部分である。住居は確認されていないが、前期後半の土器棺や土坑などが出土している。両遺跡とも、縄文晩期後半から継続しているが、前者は同じ北白川追分町遺跡とされる範囲内でも、晩期後半の拠点とされる地点より、一段低い地点であることが注目できる。ただし、晩期中葉篠原式の土器棺も出土しており、縄文と弥生で活動地点が明瞭に区別されるわけではない。

いずれにしても、弥生前期の両遺跡が同時に存在したのであれば、四〇〇〜五〇〇メートル

図40 ● 吉田二本松町遺跡の弥生前期の水田跡
10㎡以下の区画が主体をしめる小区画水田。
前期末の洪水砂におおわれていた。

の直線距離を隔てて、生産遺構（水田）を個別にもつ集落が併存していたことになる。

これらの集団は元をたどれば、この地で長期間定着的な生活をしてきた縄文人にゆきつくだろう。先に記したように、縄文人は稲作の技術を身につけていた。灌漑のような高度な技術は新たに導入されたのであろうが、その導入にあたって集団が交替したというような事態を想定する必要はない。その意味で、この地でみられた縄文から弥生への移り変わりは、文化の交替ではなく、文化の変容であったと考えられるのである。

追分町遺跡も二本松町追跡も、水田域は弥生前期末に発生した土石流でおおわれ放棄されている。居住地と想定される微高地部分には土石流はおよんでいないが、中期に連続することなく断絶している。

興味深いことは、両遺跡とも水田域に隣接する地点に弥生中期の墓地（方形周溝墓《ほうけいしゅうこうぼ》）が構築されていることである。水田適地である谷状凹地や後背湿地が土石流で埋没してしまい、水田経営を継続できなかった集団にとっては、新たな耕作地を求めてこの地を放棄するしかなかったと考えられる。しかし、時をそれほどへずして構築された墓地は、祖先がこの大地に働きかけたことを記憶させるモニュメントとしての働きをしたのかもしれない。

第４章　低湿地の森から

1　埋没林が保存されていた

本章では、この地で生活した縄文人がどのような自然環境のなかで暮らし、またどのように自然に働きかけていたのか、北白川追分町遺跡の低湿地部（晩期後半）の調査によってわかってきたことを中心に紹介してみよう（図28参照）。

弥生前期の土石流が地形を一変させた

遺跡のある京都大学北部構内の地表の勾配は一〇〇〇分の一〇程度のなだらかな緩斜面であるが（図41）、縄文時代の頃、この地はもっと起伏に富んだ地形をしていた。現在は、扇頂部から南流してこの地に影響を与えていない白川（図5参照）も、縄文時代には扇状地上を網の目状に西に流れていた。ときにそうした小河川が大規模に氾濫した痕跡も発掘調査で確認されている。また、北から南に流れる高野川は、縄文時代には現在よりもっと東を流れていた時期があり、白川がつくった扇状地の扇端を侵食した。高野川が西へ移動すると、その場所は後背湿地化し、扇状地の扇端には沼沢地が発達した。

こうした縄文時代の地形を一変させ、現在につながる地形を出現させたのが弥生時代前期末（約二四〇〇年前）の大規模な土石流災害であった。

この土石流は、二メートル以上の巨岩を含む土石流本流と土石流堆積物である黄色砂層からなり、北白川追分町遺跡からその南側の吉田本町遺跡、吉田二本松町遺跡におよび、弥生前期の水田をおおいつくしている（図42）。当時、追分町遺跡の南側を西流していた白川を一挙に流れ下り、低地部で広がったものと思われる。

冨井眞は、おおわれた弥生前期の水田の様子から、土石流の発生時期を六月頃あるいは一〇月頃と推定した。そして土石流は、地震と記録的集中

図 41 ● 現在の京都大学北部構内
西から東をみる。現在は、東から西へ下がるゆるやかな平坦地であるが、縄文時代晩期には、左側の手前の建物と奥の建物の間あたりに崖が形成されていて、手前側一帯は湿地であった。

豪雨との複合的要因によってもたらされたと考え、被災面積二三万平方メートル、堆積土砂量二〇万立方メートルと試算した。この数値は現存している痕跡から導かれる最小値であり、実際には面積で四倍以上、体積で三倍以上に達していたと推定している。先史時代ばかりでなく、歴史時代を通じても、この地域で生じたもっとも大規模な土砂災害であった。

トチの根株の発見

弥生前期末に生じた土石流の災害は、扇状地末端の低湿地部を一気に埋めてしまった。これにより、弥生前期の水田ばかりでなく、それ以前にあった縄文時代の沼沢地も地下深くに保存されることになったのである。

扇状地末端に、縄文時代の森が良好に残っていることがはじめて明らかになったのは、一九七八年度におこなわれた発掘調査であった。前年に実

図42 ● 土石流の通過痕跡
土石流の本流では、一抱え以上もある巨岩が押し出されてきている。また、こうした巨石がバウンドしながら通過していったとみられる大きな凹地（通過痕跡）も調査でみつかっている。

施した試掘調査で、調査地点が扇状地の末端部にあたり、地下深くに低湿地が保存されていることが明らかになっていた。そこで発掘当初から、出土が予想される自然遺物に対処できる態勢を整えて臨んだ。

調査は、弥生前期の洪水砂層である黄色砂（厚さ五〇センチ）を境に上下二回に分けて実施された。縄文時代の地層は、地表下二メートルからはじまり、四・五メートルに達していた。洪水砂の下層からは、縄文土器や石器などの人工遺物とともに、予想していたとおり、種実や木材、昆虫遺体といった自然遺物が多量に出土した。樹木のなかには、流木、倒木とともに根株がみつかり、当時の林床《りんしょう》がほぼそのまま保存されていることが明らかになってきたのである（図43）。

そして、この根株のなかに、照葉樹の根株だけでなく、落葉広葉樹のトチノキの根株がみつかったことは、扇状地や沖積地の植生を考えるうえで重要な発見となった。当時の扇状地上はイチイガシなどの照葉樹林でおおわれており、トチノキが生えていたとしたら、もっと標高の高い比叡山中の谷筋あたりであろうと考えられていたからである。多量に出土したトチノキの実も、最初は上流部から流れ込んだものであろうと推測されていた。しかし、根株はそこにその樹木が生えていたことを示す、それこそ動かぬ証拠となった。

混交林

その後、一九七八年度調査地点の南に隣接する地点でおこなわれた一九八三年度の調査でも

図 43 ● **埋没林**
上は、1978 年度の調査でみつかったトチノキの根株。扇状地の末端に、トチノキが生育していることが明らかとなった。下は、1983 年度の調査でみつかった埋没林。

良好な埋没林がみつかり、当時の植物相がわかってきた。

照葉樹林帯というと、ある一帯がそれこそ一様に照葉樹でおおわれていたように理解しがちである。もちろん落葉樹のトチノキは照葉樹の生育地には侵入しにくい。しかし、照葉樹が生育しにくい河川敷のような場所には入り込める。それぞれの地形環境に応じて、照葉樹と広葉樹、そして針葉樹や河畔林などがモザイク状に入り込む混交林になっていた場所があったことがわかってきたのである。

こうした混交林では多種類の堅果類が得られる。じっさい、追分町遺跡ではつぎに記すように、食用になる多種類の堅果類が発掘でみつかっている。居住地の周囲がそのような森であることは縄文人にとって好都合であったろう。

2 先史環境の復元

植物遺体からわかる当時の環境

出土した木材や種実、花粉の分析の結果、以下のようなことが明らかとなっている。

当時の低湿地に生えていた樹木は、イチイガシなどを中心とするアカガシ亜属の照葉樹、トチノキ、クリなどの落葉広葉樹、カヤ、モミ、スギなどの針葉樹のほか、河畔に繁茂するカエデ属、ヤナギ属などの種類であることがわかり、当時の低湿地が照葉樹、落葉広葉樹、針葉樹などからなる混交林であったことが明らかとなった。

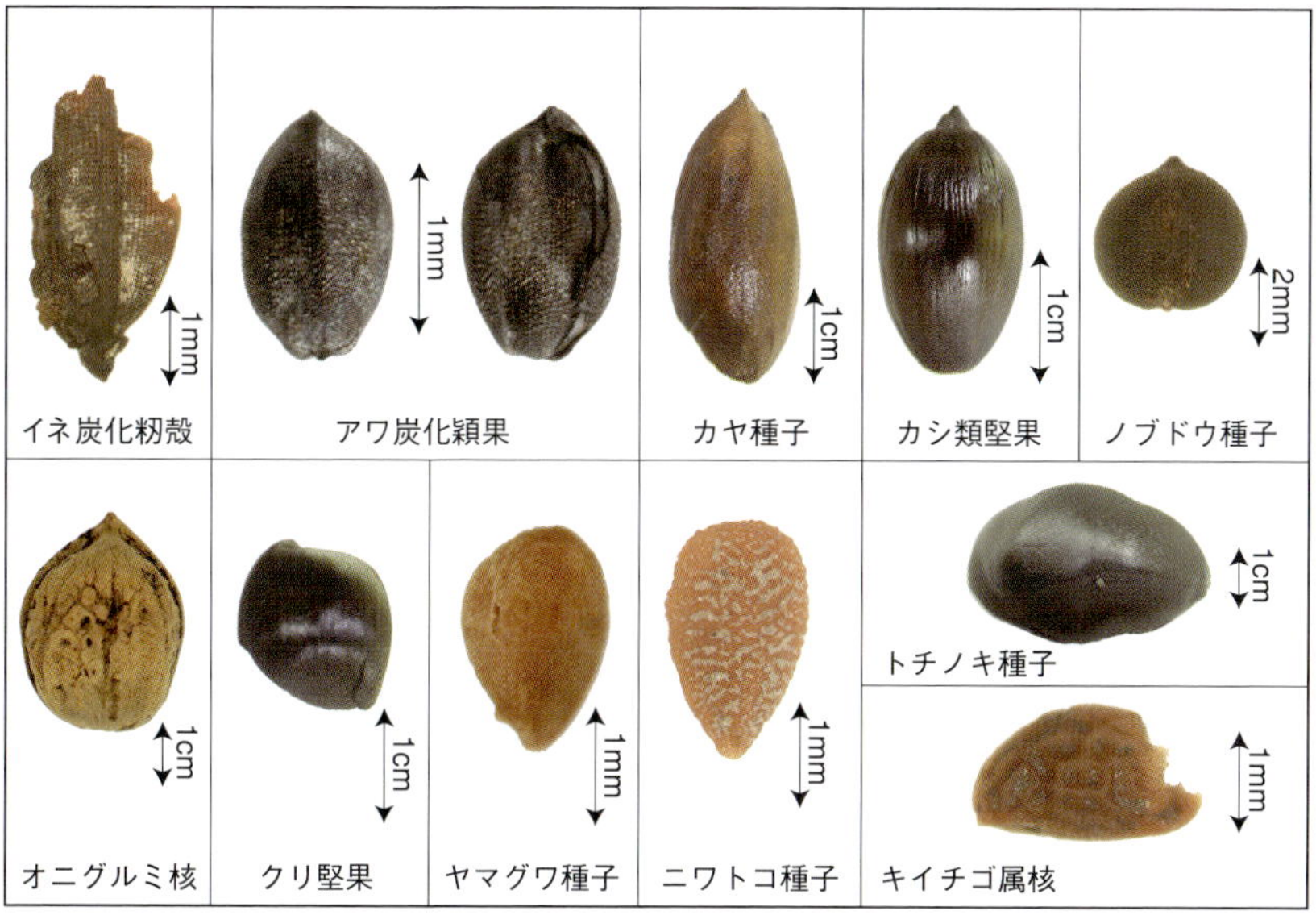

図 44 ● 低湿地から出土した植物遺体（2009 年度調査資料）
イネ・アワは栽培植物、そのほかも人間にとって有用な種実類である。

図 45 ● 植物遺体の出土状況
竹串のたっている場所から堅果類が出土している（左）。葉っぱは、検出時には緑色を保っているものもあるが、すぐに黒ずんでしまう（右）。

こうした植生は、種実類の分析からも裏づけられた（図44）。発掘した種実類で種類が判明した数は一八〇をこえるが、そのなかで食用となるものは、イチイガシ、アカガシ近似種、トチノキ、オニグルミ、ヒメグルミ、カヤ、クリ近似種などの堅果類や、エノキ、ムクノキ、キイチゴ属、ヤマブドウなどの漿果《しょうか》類である。また、栽培植物であるイネ（コメ）やアワもみつかっている。

また、トチノキの根株の周辺からは、この木から落下したと想定できるトチノキの実が集中していた。種実類のこのような出土位置の分析から（図45）、自然に落下した状態を保つトチノキ、イチイガシ、アカガシ亜属、鳥獣が食べて散らばったとみられるキハダ、ヤマグワ、カジノキ、風で飛ばされたとみられるイタヤカエデ、水に流されて運ばれたホタルイ属やミズソバのように、分散様式のちがいによって種実類の分布が異なることが明らかとなり、当時の林床がそのまま保存されていることが判明した。

その結果、照葉樹のイチイガシと落葉広葉樹のトチノキが隣り合うように生育していたことが、種実類の分析からも裏づけられたのである。

花粉分析では、中期末〜後期初頭と晩期後半の二時期の堆積物の分析がおこなわれている。産出量の多い風媒花《ふうばいか》を中心に、アカガシ亜属、ヒノキ科、カヤ属、イヌガヤ属などの花粉がみつかっていて、両時期の堆積物で花粉の構成比率に著しい変化は認められないため、活発な森林破壊は進まず安定した林相が保たれていたと考えられている。

昆虫の種類からわかる当時の環境

動物遺体は残念ながら昆虫類以外にはみつかっていないが、三〇種類以上の昆虫がみつかっている（図46・47）。硬い羽をもつ鞘翅目《しょうしもく》のなかでも、ヒメコガネ、カナブン、ハナムグリなどコガネムシ科に属するものが多い。

昆虫遺体の発掘は、発掘現場で土壌をブロックで割り出したのち、層理にそって細かく割りながら、割った面に昆虫がないか探すという「ブロック割り」とよぶ方法をとった。コガネムシ科の昆虫は、青色や緑色の金属光沢をもつため目につきやすい。そのため、そうした昆虫だけが採取されている可能性も残るが、種まで判明した昆虫が多かっ

図46 ●昆虫の出土状況
金属光沢をもつ硬い羽は、発掘ではみつけやすい。

コウチュウ目（鞘翅目）			カメムシ目（半翅目）
マヤサンオサムシ	マグソコガネの1種	ハナムグリ	アカスジキンカメムシ
オサムシ科の1種	コカブトムシ	アオハナムグリ	ツノアオカメムシ
オオゴミムシ	コガネムシ	コアオハナムグリ	
オオナガゴミムシ？	ヒメスジコガネ	タマムシ	
スジアオゴミムシ	オオスジコガネ	サビキコリ	
アオゴミムシの1種	スジコガネ	ウバタマコメツキ	
エンマムシ科の1種	スジコガネ？	アカガネサルハムシ	
シデムシ科の1種	アオドウガネ	キクビアオハムシ	
コガシラハネカクシ属	ヒメコガネ	ハムシ科の1種	
ハネカクシ科の1種	コガネムシの1種	ゾウムシ科の1種	
オオセンチコガネ	カナブン	甲虫の部分・破片	
エンマコガネの1種	アオカナブン		

図47 ●昆虫遺体一覧
1994年度の発掘調査でみつかった昆虫遺体の種類である。この調査では、「ブロック割り」とよぶ方法で昆虫遺体を探した。

たので、発見された昆虫が遺跡周辺の細かい環境を復元する手がかりとなった。
昆虫遺体を調べた宮武頼夫は以下のことを明らかにした。
①マヤサンオサムシ、オオセンチコガネ、コカブトムシなどの森林に棲む昆虫が多数発見されていることから、遺跡周辺にはよく茂った森林が広がっていた。
②その一方で、ヒメコガネ、ハナムグリ、アオカナブンなどから、林縁や二次林などの明るい環境もあり、オオゴミムシ、スジアオゴミムシなどから、開けた平地や河原などの環境もあった。
③オオセンチコガネ、エンマコガネ、マグソコガネは、シカなどの獣の糞を食用としているので、やや大型の獣類がこの地に生息していた。
このように昆虫遺体から復元される当時の環境も、植物遺体から復元される生態学的環境と矛盾していない。

扇状地の形成と自然災害

遺跡がのる白川扇状地は、最終氷期頃にその骨格が形成された。縄文時代の居住地である微高地は、この古期扇状地に由来する。第3章で少しふれたように、北白川小倉町遺跡がのる一段高い扇状地は、約七〇〇〇年前には扇状地の形成を終え、陸地になっていた。一方、北白川追分町遺跡がのる一段低い扇状地面は、扇状地の主部が形成された以後も、扇状地上を流れる網の目状の流路（小河川）によって、新たな扇状地が形成されており、それは弥生前期の土石流の発生まで継続していた。

遺跡の近場を流れる小河川は、水場として、あるいは動植物の捕獲採集の場として大いに利用されたにちがいない。しかし、時に大雨などによって氾濫し、場合によっては川筋そのものが変わってしまうこともあったであろう。

追分町遺跡の複数の地点で堆積環境を詳細に検討した冨井眞は、縄文早期から中期までの約六四〇〇年間のうち、谷底の深い早期の段階では一〇〇〇年に一度の頻度で土石流災害が起こっていると推定した。そして、谷底の埋積が進行した前期～中期の段階では、土石流の頻度は減少したものの、逆に河川氾濫が二〇〇年から三〇〇年に一回という頻度で生じていたとする試算をだしている。ここでいう河川氾濫とは、遺跡に痕跡を残すような大規模な土砂移動を指している。遺跡に痕跡をほとんど残さない小規模な氾濫は、もっと頻繁に生じていたと想定できるだろう。

この地で生じた最大の土砂災害は、先に紹介した弥生時代前期末の土石流であるが、縄文時代にも数百年に一度程度の間隔で、大規模な土砂災害が起こっていた。大規模な災害が起これば、たとえ居住地が直接の被害を受けなくても周囲の環境悪化は避けられない。第3章で解説したように、集落の移動、あるいは集落の盛衰がこうした自然災害と連動しているのか、まだ十分に解明されていないが、災害というような自然環境の変化からもみてゆく視点が必要となるだろう。

3 貯蔵穴と木材加工場

低湿地に活動の痕跡を追う

低湿地遺跡の調査は苦労が多い。まず第一に、水との戦いである。低湿地の調査は、掘削深度が深いのが一般的で、調査区の壁が崩落しないように、勾配を付けるか、あるいは矢板（土留め板）を入れることが多い。それでも調査区内に水が湧き出すのを止めるのは困難である。調査区のまわりに集水用の溝を掘り、水を一カ所に集めて二四時間排水をおこなって、調査面が水浸しにならないような工夫もしなくてはならない。

第二に、通常の遺跡では残らないもの、すなわち有機質製の遺物の出土である。いまでこそ動物遺体や植物遺体を専門とする考古学者も増えているが、こうした資料は普通の考古学者には不慣れなものである。植物遺体は、出土した時は生々しくても、乾燥すればすぐに生気を失ってしまう。乾燥させないように、水漬けのままタッパーなどに入れて保管するが、出土位置の記録もとらなくてはならず、時間との勝負である。

第三に、水成堆積《すいせいたいせき》は陸上の堆積と異なり多層位になることが多く、層位の認識とその発掘に時間がかかる。北白川追分町遺跡を例にとれば、微高地上では一層しか認識できない縄文晩期の堆積物が、低湿地ではじつに二〇層以上の堆積物の重なりとして把握できた（図48）。発掘は、一層ずつ記録をとりつつ調査を進めていくのが原則だから、低湿地遺跡では、時間と労力が格段とかかることが理解できるだろう。

このように低湿地遺跡の調査では苦労がつきまとう反面、はかりしれないほど多くの情報を私たちにもたらしてくれる。通常の遺跡では残らない遺物（有機質製の遺物）は、そのまま当時の生活を復元するための貴重な資料となる。多層位であるということは、それだけ時間を細かく区切って当時の生活環境の移り変わりを追跡できるということでもある。

一九七八年度、八三年度、二〇〇九年度の調査では、縄文人が歩いた無数の足跡がみつかっている（図49）。堅果類などの食料の採集か、あるいは水汲みか、湿地のなかを縄文人が歩いたあと、時をへずして出水があり、砂が埋積したために残ったものである。縄文人が低湿地の森を利用していた確かな証拠である。

貯蔵穴の発見

京都の冬は底冷えがして、天気が変わりやすい。一九九四年の暮れも、晴れたかと思うと、にわかに

図48 ● 低湿地の堆積状況
写真中央にみえる堆積物は、厚さ2mを超え20層に分層できたが、すべて晩期後半の堆積物である。

曇って小雪が舞い落ちる、そんな天候のなかで調査が続いていた。調査地点は、八三年度の調査地点の西に隣接する地点（図28参照）。扇状地の末端にとりつく小河川がみつかり、微高地上から流入した土器・石器とともに多量の堅果類や木材、昆虫遺体が出土していた。

泥炭質土3と名づけた河川堆積物を慎重に発掘していくと、小河川の肩部でトチノキの実が集中している地点がみつかった（図50）。トチノキの実はそれまでも調査区内から多数出土していたが、それらは外果皮がついた状態のものが多く、自然落下したものがそのまま埋積した

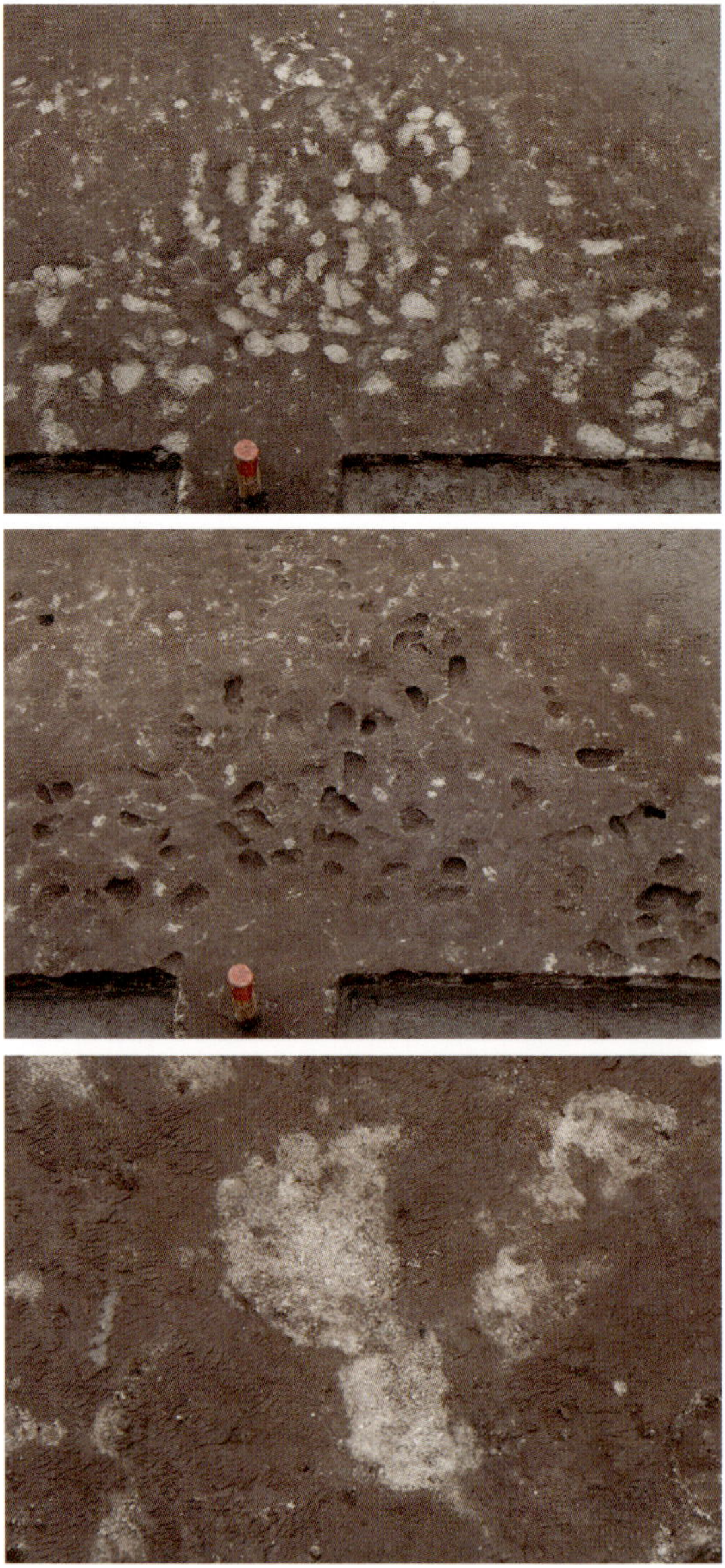

図49 ● 縄文人の足跡（2009年度調査地点）
低湿地に残された人や動物の足跡は、複数の調査地点でみつかった。上：人の足跡が姿をあらわす。中：足跡にたまっていた砂を除く。下：指の形まで、明瞭にわかるものもある。

と考えられた。一方、集中部からみつかりだしたトチノキの実は外果皮が取り除かれた種子の状態で出土し、破損しているものはほとんどなかった。

周囲の土を慎重に除去して発掘を進めた結果、〇・六メートル×〇・四五メートル、深さ二五センチの穴にトチノキの実が貯蔵されたまま残存していることが判明した（図51）。穴の上部は削られたらしく、穴からはみだすように一・一メートル×〇・七メートルの範囲にもトチノキの実が集中していた。

その数は合わせて約二〇〇〇個。トチノキの実以外のドングリ類も数十個含まれているが、破損しているものが多いので、これらは二次的な流入によって入り込んだものと理解した。トチノキの実が貯蔵された時期は、周囲から出土した土器によって、晩期中葉・篠原式の時期と特定された。

低湿地に穴をうがち、堅果類を貯蔵する方法は、「低湿地型貯蔵穴」とよんで西日本では多数みつかっている遺構であるが、貯蔵された堅果がそのまま残り

図50 ●貯蔵穴がみつかったときの調査（1994年度）
左端の人物のいる地点から、貯蔵穴がみつかった。
調査している面は、地表から約4mの深さにある。

のよい状態で出土した事例はめずらしい。

一方で、貯蔵穴の規模は同種の遺構と比較すると、最小といってもよい大きさである。あるいは、長期の保存を目的としたものではなく、堅果採集時における一時的な保管場所とみたほうがよいのかもしれない。このような貯蔵穴は群集してみつかることが多いが、一基しかみつからなかったことも、こうした想定を裏づける理由となるかもしれない。いずれにしても、この地に居住した縄文人が低湿地をどのように利用していたかを知るうえで、重要な手がかりとなる発見であった。

木材加工場

貯蔵穴がみつかった一九九四年度以来、低湿地の調査はおこなわれていなかったが、二〇〇九年、一五年ぶりに低湿地の調査が実施された。その地点は、過去の調査地点から北へ一〇〇メートルほど離れた区域であった（図28参照）。七月に江戸時代の遺跡の発掘から

図51 ● トチノキの実の貯蔵穴
約2000個のトチノキの実が集められていた。晩期中葉の篠原式の時期。

はじまった調査は、下層へと掘り進み、一一月には地表下約三メートルの縄文晩期の地層へと達した。

縄文晩期後半の地層からは、過去の調査同様、木材や堅果類などの植物遺体、あるいは昆虫遺体などがぞくぞくと出土しはじめたが、このなかに直径約〇・七メートル、長さ六・二メートルにおよぶ大木が顔を出していた。

現地を見学した上原真人が不自然な割れ痕が残っていると指摘したため、調査担当の冨井眞は木器《もっき》研究を専門とする村上由美子に声をかけた。村上は、噴霧器《ふんむき》で木材に付着している砂や泥を慎重に除去した。そして、そこに楔を打ち込んだと推定される痕跡が残って

図52 ● **伐採痕跡のある大木**
上は全景（奥が根元側）。左下は上端付近、右下は根元の細部写真。矢印の部分に、石斧での加撃痕跡が読み取れる。

いることを発見したのである（図52）。

その後、木材を専門とする植物学者や木製品を専門とする考古学者に現地で検討していただいた。その結果、この大木が縄文人によって伐採され、その場所にほぼそのまま残されたものであること、大木周辺にも多数の加工痕跡のある木材が残されていることがわかってきた。

樹種はブナ科のコナラ節（カシワ、ミズナラ、コナラ、ナラガシワのどれかに対応するが、種までは特定できない）で、樹齢はおよそ一四〇年と算定された。最外年輪の形成状況から、春〜夏頃に伐採されたものと推定されている。種の特定はできていないが、いずれも大量のドングリを実らせる樹木であり、縄文人がこの大木の秋の実り

図 53 ●切り倒される大木（復元画）
出土状況をもとに描かれた復元画。大木の出土地点を北側から眺めている。

を享受したことは疑いないだろう。

大木に残された人為的痕跡を検討した村上由美子は、切り倒した時の石斧の刃跡が根元に残っていること、先端側には板をとった跡と思われる平坦面や、楔の痕跡がみられることを指摘している（図52）。根元に残るうろこ状の加工痕は、実験考古学による石斧の伐採痕跡と似ているとのことである。

伐採樹木が発掘現場で確認できた例は、縄文時代ではまれである。保存処理も終了しており、あらためて詳細な検討を加えることによって、縄文時代の製材技術などの研究に重要な情報をもたらすことが期待される。

なお保存処理の過程で、大木の年輪一二五年分を五本ずつ二五セットに区切って、それぞれの部分の炭素一四濃度が測定された。そして、その濃度のゆらぎと年代較正曲線の一致する場所を探したところ、この大木は紀元前五九九年に伐採されていることが判明した。

この年代は、いわゆる二四〇〇年問題の期間（二七〇〇年前から二四〇〇年前の約三〇〇年間は、炭素一四濃度に大きな変化が認められないため較正曲線が平坦になり、年代を絞り込むことが難しい期間とされる）にあたっており、大木の伐採年が確定したことの意義は大きい。大木の脇から出土した晩期末の凸帯文土器（長原式の新相か）の年代を絞り込むことができる定点となり、論争の続く長原式と遠賀川式の共存問題に一石を投じることになるからである。

第5章　京都盆地の縄文世界

1　重層的な地域集団

周辺の縄文遺跡

土器型式の分布圏や石器の材料となるサヌカイトの利用などをみてもわかるように、比叡山西南麓で活動していた縄文人は、その狭い世界で活動を完結させていたわけではなかった。彼らの集落は、活動がもっとも密になった縄文中期末や後期前葉といった時期であっても、住居数軒からなる集落が二、三前後、併存するにすぎない。そのような小さな集団のなかでは、集落を維持するための恒常的な婚姻関係を取り結ぶことは不可能であり、隣接地域の縄文集団も含めて、より広域の社会と関係を維持することが必要不可欠であった。

比叡山西南麓から比叡山周辺、京都盆地、近畿中央部、近畿地方というように広がっていく地理的範囲に応じて、日常的な生活、石器石材のような生活必需品の入手、共同でおこなう祭

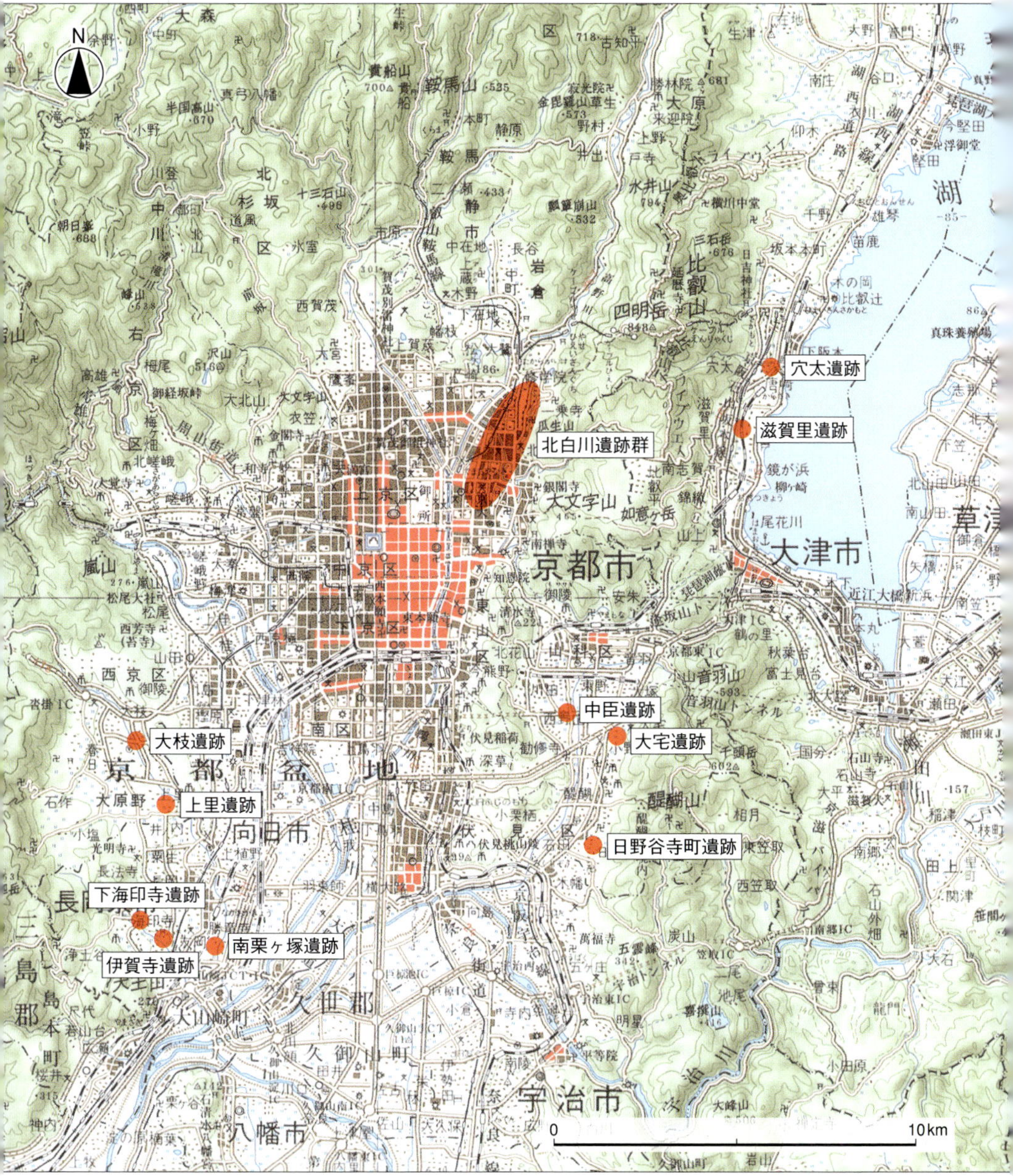

図 54 ● 京都盆地周辺の縄文遺跡
比叡山東南麓、山科盆地、京都盆地西南部にある
縄文時代のおもな遺跡。

祀、婚姻関係、土器型式の共通性、稀少財の交易といったような異なる諸関係と結びついた地域的なまとまりが形成された。そうした重層的な関係のなかで、地域集団が形成されたのであろう。

比叡山西南麓の周辺では、縄文人のどのような活動がみられるであろうか。周辺地域の状況について、比叡山西南麓の動向と比較させつつ垣間みておくことにしよう（図54）。

比叡山東南麓の縄文遺跡

比叡山西南麓同様、東南麓では、比叡山地から東に流れる河川がつくりだした南北四キロ、東西二キロの扇状地上に一〇を超える遺跡がみつかっている。

この地域の縄文中期以降の中核的な遺跡は、滋賀里遺跡と穴太遺跡である。両遺跡は南北に約一・五キロメートルの距離を隔て、ともに扇状地上に立地している。

図55 ● 滋賀里遺跡の土坑墓
向かって左側が成人男性、右側が成人女性で、両者は時期をへずして埋葬されたと考えられている。兄妹（姉弟）のような近親者、あるいは夫婦かもしれない。

滋賀里遺跡は、戦後間もない一九四九年に坪井清足らによって発掘調査が実施された。出土土器は滋賀里式と呼称され、近畿地方晩期の基準資料となった。一九七一年の湖西線建設にともなう大規模な調査では、微高地上に晩期の墓地（図55）が、また谷部の低湿地からは同時期の貝塚がみつかり、多量の土器・石器をはじめとして弓などの木製品も出土した。

出土した滋賀里式土器は層位にもとづいてⅠ～Ⅴに細分され、近畿地方の晩期土器編年の基準となった。その後も調査は断続的におこなわれており、中期以降継続的に利用された遺跡であることが明らかになっている。

穴太遺跡も中期から遺跡の形成がはじまっている。後期後半には竪穴住居四軒をはじめとして配石遺構や貯蔵穴などがみつかっており、晩期後半には土器棺墓が複数つくられている。これらは、自然流路の脇に構築されており、アカガシ亜属の

図56 ● 穴太遺跡の埋没林
小河川の脇に生えていたアカガシ亜属の根株。
人物と比較すれば、その巨大さがよくわかる。

巨大な根株も複数みつかっている（図56）。比叡山西南麓の縄文人同様、扇状地の森のなかを流れる網の目状の流路（小河川）の脇に集落を構えた状況がみてとれる。

興味深いことに、比叡山西南麓同様、穴太遺跡の縄文晩期の遺跡も弥生前期に発生した土石流でおおわれている。比叡山麓の両側でほぼ同時に大規模な自然災害に見舞われたのかもしれない。

山科盆地の縄文遺跡

京都盆地のすぐ東隣りの山科《やましな》盆地の遺跡をみてみよう。盆地東南部の扇状地上には、日野谷寺町《ひのたにでらちょう》遺跡がある。縄文中期〜晩期の遺跡で、中期末後期初頭にもっとも栄えた。竪穴住居にともなうと想定されている石囲炉三基のほか、焼土坑、配石土坑、集石土坑がみつかり、分銅型土偶が出土している（図57）。

山科盆地のほぼ中央部、山科川の左岸には中臣《なかとみ》遺跡がある。縄文早期の押型文土器がみつかっているほか、出土土器型式からみて、中期末以降晩期末まで継続的に生活が営まれている。後期前葉（北白川上層式2期・3期）の土器棺が二基、晩期後半の土器棺（篠原式〜船橋式）が六基みつかっているほか、晩期に属する石剣類が多数みつかっている。山科盆地における後晩期の中核的な集落とみてよい。晩期後半の土器棺は、船橋式に比定されるものが大宅《おおやけ》遺跡で

図 57 ● 日野谷寺町遺跡出土の土偶
頭部と手足が省略された分銅形土偶。乳房と正中線が表現される。草創期を除けば、西日本で広く土偶がみられるようになるのは、後期初頭の分銅形土偶からである。縦 7.8cm。

も一基みつかっている。

これら日野谷寺町遺跡も中臣遺跡も、比叡山西南麓で遺跡がほとんどみられなくなる後期末～晩期前葉にも継続しているか、あるいは盛期を迎えている。この点は、比叡山東南麓の滋賀里遺跡と同様である。

京都盆地西南部（乙訓地域）の縄文遺跡

京都盆地の中央部をはさんで、比叡山西南麓と対極の位置にある京都盆地西南部では近年、重要な遺跡の発見が続いており、そのありようが具体的に理解できるようになってきた。小畑川《おばたがわ》、小泉川《こいずみがわ》などが形づくった低位段丘、扇状地・微高地上から氾濫原・後背低地にかけて、約六〇遺跡が確認されている。

土器で確認できる最古は、縄文早期中葉の押型文土器（大枝《おおえ》遺跡、下海印寺《しもかいいんじ》遺跡）である。前期以降は、弥生前期まですべての土器型式が確認されており、この地域内で継続して生活が営まれていたことがわかる。遺跡数の増減のあり方も、比叡山西南麓とおおむね一致する。

前期の遺跡は南栗ヶ塚《みなみくりがつか》遺跡で竪穴住居が一軒みつかったほか、多量の土器・石器が出土している。前期の土器は北白川下層Ⅱb式～大歳山式までみられるが、Ⅱc～Ⅲ式が主体をしめる。

中期の遺跡は、後葉の里木Ⅱ式をはさんで遺跡が継続せず、中期末に新たな遺跡形成がはじまるとともに遺跡数も増加する。こうした遺跡は原則、後期へと継続しており、中期末に画期が存在する。

このなかでも、伊賀寺《いがじ》遺跡が注目すべき内容をもっている。中期末の北白川C式期に竪穴住居跡が一一軒みつかっているほか、後期後葉（元住吉山Ⅱ式〜宮滝式）の竪穴住居跡一〇軒、火葬墓二基、土坑墓多数がみつかっている。住居跡の数は、中期末も後期後葉も近畿地方では最大に近いが、重複していたり時期的にさらに細分できるので、同時に存在した住居は最大でも四〜五軒、じっさいには二〜三軒というところであろう。

二基みつかった火葬墓（元住吉山Ⅱ式、図58）は、SK03が一・二四メートル×一・〇五メートル、深さが〇・五メートル、SK26が四・〇五メートル×二・八五メートル、深さが〇・四メートルと規模に大小があるが、いずれも他所で火葬された人骨が埋葬されていた。

規模の小さなSK03には、埋土の上部に比較的大きな人骨が並べられ、注ぎ口と口縁部背後を意図的に打ち割った注口土器が副葬されていた。SK03、SK26

図 58 ● 伊賀寺遺跡の火葬墓
焼かれた 10 体以上の人骨が埋葬され、注口土器（写真中央）が副葬されていた。後期後葉の元住吉山Ⅱ式の時期。

ともに、人骨の状態から新鮮骨の状態、すなわち死後時間の経過をへずして火葬されていること、ＳＫ03には少なくとも一〇体の人骨（成人八体、一〇代後半と五歳以下各一体）、ＳＫ26には一体以上の成人が埋葬されていることが明らかになった。

縄文時代の火葬骨は東日本を中心に類例があるが、それらは骨化した段階、すなわちいったん埋葬し、時間をおいたのち焼かれたと想定されている。伊賀寺遺跡のように新鮮骨の状態で焼かれていると報告されたのは異例である。伊賀寺遺跡でみつかった火葬墓は、東日本で再葬墓が増加する後期後葉のものであり、そうした習俗の西日本への波及とみることが可能である。その上で、いつ火葬がなされたのかという再葬のプロセスを考えるうえで、新たな課題を浮上させることにもなった。

このほか、火葬墓ＳＫ26からは、碧玉《へきぎょく》製の小玉や未製品などもみつかっており、後期後葉に玉類の製作を遺跡内でおこなっていたことも明らかになっている。伊賀寺遺跡は、他地域との交流・交易において中核的なムラであったとみてよいだろう。

晩期に入ると、遺跡の分布状況に変化がみられる。遺跡の立地が低地一般面の氾濫原や扇状地など、より低地部へと進出するようになる。遺構としては土器棺墓が単独でみつかっている遺跡が多いが、上里《かみさと》遺跡では晩期前半の竪穴住居一〇軒、土器棺墓二六基のほか炉跡、土坑、配石遺構、流路など多様な遺構がみつかっている。

上里遺跡の遺構は、居住域・墓域ともに、流路状遺構に沿うように二カ所に分布していて、五期に細分されて変遷がとらえられている（図59）。竪穴住居は1期（滋賀里Ⅱ式）～5期

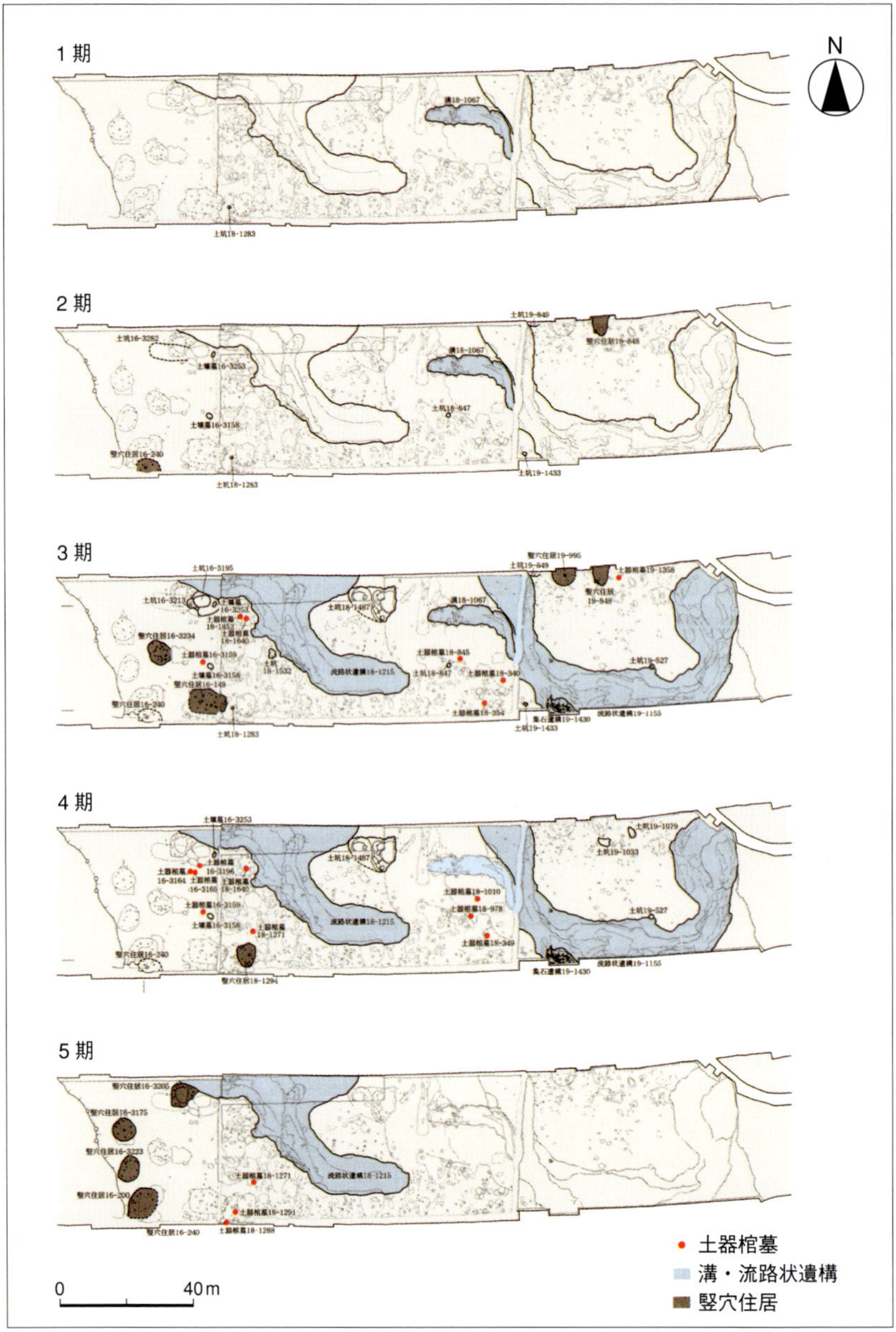

図 59 ● 上里遺跡の集落変遷
晩期前半（滋賀里Ⅱ式〜篠原式）のおよそ 200 年間にわたる集落の移り変わりが 5 期に細分されてとらえられた。

図 60 ● **上里遺跡の晩期住居跡**
主柱穴が 7 カ所めぐり、床面中央に地床炉をもつ竪穴住居跡。晩期中葉の篠原式の時期。

図 61 ● **上里遺跡出土の石剣**
未製品も出土しており、この遺跡で製作がおこなわれていたことがわかる。

（篠原式中段階）まで、〇軒、二軒、四軒、一軒、四軒と推移しており、同時存在の住居は最大でも四軒までである（図60）。比叡山西南麓で遺跡がみられなくなる時期に繁栄している。

出土遺物も多彩である。多量の土器・石器のほか、土製品（耳飾《みみかざり》、有孔球状土製品《ゆうこうきゅうじょうどせいひん》、輪状《りんじょう》・半輪状《はんりんじょう》土製品）、石剣《せっけん》・石刀《せきとう》・石棒などの石製品（図61）およびその未製品などがみられる。翡翠《ひすい》製丸玉、滑石製勾玉《かっせきせいまがたま》や水銀朱が付着した石皿・磨石や辰砂《しんしゃ》鉱石なども出土している。辰砂鉱石は、奈良県南部の水銀鉱床からもたらされたことが判明している。遠隔地の集団との交易において上里遺跡が拠点的な遺跡であったことを示している。

また、栽培種とみられる炭化マメ類も出土しており、炭化マメ類と同一の堆積物からは炭化イネも出土している。ただし、炭化マメ類の炭素一四年代が約二九〇〇年前（未較正値）という晩期中葉の年代を示したのに対して、炭化イネの炭素一四年代は約二四〇〇年前（未較正値）という縄文晩期末〜弥生前期の年代を示した。報告書では上層からの混入であるという解釈と出土層位を重視する意見が併記されている。

2　小さな暮らし方

小規模性と継続性

比叡山西南麓で、縄文人の活動が具体的に明らかになるのは縄文早期中葉の押型文土器期であった。住居跡もみつかっており、この地に居住地を求め活動した集団がたしかに存在した。

しかし、早期後葉の遺跡はみつかっておらず、こうした集団の軌跡はいったん途切れるようである。

再びこの地で縄文人の活動痕跡がみられるようになるのは早期末である。そしてそれ以降は、土器型式からみるかぎり、一時的に活動痕跡がほとんどみられなくなる時期（晩期前葉）はあるものの、継続的にこの地に活動の痕跡を残している。長期にわたってこの地域を離れることがなかったのは、とりもなおさず縄文人にとってこの地域が生活しやすい場所であったことを示している。

こうした痕跡を残した集団の実態は、まだ十分に明らかになっているわけではないが、実態が比較的把握できる中期末を例にとると、二軒前後の竪穴住居からなる集落を営んでいた可能性が高い。住居軒数が三軒あるいは四軒程度になることはあっても、おそらく五軒を超えるようなことはなく、場合によっては一軒のみからなる集落という時期もあったであろう。

図 62 ● 北白川追分町遺跡の説明坂
理学部附属植物園の樹木と草本にかこまれた自然の状態のなかにあり、
照葉樹の森におおわれていた当時の景観をしのぶことができる。

そして一軒の居住人数を仮に五人とすれば、最小で五人、最大でも二〇人、通常一〇～一五人前後というのが、ひとつの集落で生活した人員と考えられる。このような集落の小規模性すなわち集団の小規模性が、この地の縄文世界のまず第一に指摘されるべき特徴である。

そして、このような集落の小規模性を維持しつつ、この地域内では、もっとも活動が密な時期（中期末、後期前葉、晩期末）でも、最大で三集落の併存が推定される程度であり、多くの時期では地域内にある集落はひとつであったと想定できる。

時期を限ってみれば、営まれていた集落は多くはないのであるが、それが長期に継続している点が第二の特徴であるといってよいだろう。要するに、この地域に長期にわたって定着していた小集団の存在が予想できるということである。

当然のことながら、このような小規模集団だけで生活を営み、集団を維持していくことはできない。前節で紹介したような周辺の縄文集団、あるいはさらに広い範囲の集団と結びつきながら、重層的な地域集団を形成したことだろう。

拡大しないという生き方

縄文中期末、後期前葉、晩期末は遺跡数の増加する時期であるが、遺跡数の増加を仮に人口増と結びつけてよいのであれば、こうした遺跡の増加期は相対的な安定期とみることが可能となる。こうした相対的な安定期においても、この地域の集団は、集団の膨張を集落規模の拡大という方向ではなく、小集団の分岐、すなわち集落の小規模性を維持することで解決しようとしたと考えることができる。こうしたあり方は、早期末前期初頭に成立して以降、晩期まで継続しており、ほとんど変化することはなかった。

重要なことは、住居数軒からなる小規模集落という実態や遺跡数が増加したりあるいは逆に減少したりする時期は、さきに解説した京都盆地西南部の乙訓地域をはじめとして、近畿地方全域にも適用できる特徴であるということである。

この事実は、比叡山西南麓で活動した縄文集団の活動の軌跡は、近畿地方というような地域でくくれる文化的特徴を体現していたということである。南北五キロ、東西二キロという範囲は、狩猟採集民からみれば箱庭のような小さな世界ではあるが、この小さな世界にみえる風景は、近畿地方の縄文世界へとつながっているといってよいだろう。

新たな調査・研究の進展が期待できるフィールド

この地域は市街地化が著しく、調査研究も種々の

図 63 ●移築・復元された配石・土器棺遺構
移築にあたり、配石は発掘で出土した石をそのまま用い、
土器棺はレプリカを用いて樹脂で固定した。

制約があることが多いが、さいわいなことに北白川追分町遺跡をはじめ北白川遺跡群の多くは、京都大学吉田キャンパスのなかに所在している。校舎建て替えなどにともなう緊急調査なども、それまでの研究成果を踏まえ、遺跡の重要度などを考慮しつつ、綿密な計画のもとに実施することが可能となっている。

また、北白川追分町遺跡の竪穴住居跡はそのまま埋め戻して保存し、地上には説明板を設置している。配石・土器棺墓は発見地点から東へ一〇メートル前後移築復元し見学できるようにしている。後者は、理学部附属植物園の樹木と草本にかこまれ自然の状態のなかにあり、照葉樹の森におおわれていた当時の景観をしのぶことができるであろう（図62・63）。

近畿地方のように、ある一定の地理的範囲内に小規模な遺跡が群在する地域では、ひとつひとつの遺跡を詳細に明らかにするのは当然のこととして、さらにはそうした諸遺跡を「群」として有機的に結びつけて理解することが、縄文人の活動の軌跡、ひいては当時の文化・社会の実態を明らかにするうえで欠かすことのできない作業となろう。新たな調査・研究の進展が期待できるこの地域は、今後も重要なフィールドとして、新たな情報を発信してゆけるものと確信している。

参考文献

泉　拓良　一九七七「京都大学植物園遺跡」『佛教藝術』一一五号
泉　拓良　一九八五「縄文集落の地域的特質—近畿地方の事例研究—」『講座考古地理学』4　学生社
市立市川考古博物館　一九九二『堀之内貝塚資料図譜』
伊藤淳史　一九九五「京都盆地の弥生時代遺跡」『京都大学構内遺跡調査研究年報1992年度』京都大学埋蔵文化財研究センター
梅原末治　一九二三「京都帝国大学農学部敷地ノ石器時代遺跡」『京都府史跡勝地調査会報告』第五冊
梅原末治　一九三五「京都北白川小倉町石器時代遺跡調査報告」『京都府史蹟名勝天然記念物調査報告』第一六冊
神奈川県教育委員会・東正院遺跡調査団　一九七二『東正院遺跡調査報告』
京都市埋蔵文化財研究所　一九九四『平成2年度　京都市埋蔵文化財調査概要』
京都市埋蔵文化財研究所　二〇一〇『上里遺跡Ⅰ』
京都大学文学部博物館　一九九一『先史時代の北白川』京都大学文学部博物館図録第四冊
京都大学埋蔵文化財研究センター　一九八五『京都大学埋蔵文化財調査報告Ⅲ』
京都府埋蔵文化財研究会　二〇一〇『京都府の縄文時代』（第一七回京都府埋蔵文化財研究集会資料集）
京都府埋蔵文化財調査研究センター　二〇〇九『京都府遺跡調査報告集』第一三三冊
湖西線関係遺跡発掘調査団　一九七三『湖西線関係遺跡調査報告書』
佐原　真　一九六一「京都市一乗寺縄文文化遺跡の調査」『古代文化』第七巻第二号
滋賀県教育委員会・滋賀県文化財保護協会　一九九七『穴太遺跡発掘調査報告書Ⅱ』
島田貞彦　一九二四「京都市北白川追分町発見の石器時代遺跡」『考古学雑誌』第一四巻第五号
清水芳裕　一九八五「自然地形と遺跡の形成過程」『第四紀研究』第二四巻第三号
千葉　豊　一九九三「京都盆地の縄文時代遺跡」『京都大学構内遺跡調査研究年報1989〜1991年度』京都大学埋蔵文化財研究センター
千葉　豊　二〇一一「比叡山西南麓の縄文時代遺跡群」『季刊考古学』第一一四号

藤　貞幹　一七九七『好古日録』
冨井　眞　二〇〇八「土石流は初期農耕の地をどう通り過ぎたか」『京都大学構内遺跡調査研究年報２００３年度』京都大学埋蔵文化財研究センター
冨井　眞　二〇一〇「先史時代の自然堆積層の検討による大規模土砂移動の頻度計算―京都市北白川追分町遺跡を中心として―」『自然災害科学』第二九巻第二号
中塚　良ほか　二〇一〇「長岡京左京第５３０次」『向日市埋蔵文化財調査報告書』第８４集
縄手遺跡調査会　一九七一『縄手遺跡１』
宮武頼夫　二〇〇三「昆虫と考古学」『環境考古学マニュアル』同成社
村上由美子ほか　二〇一二「縄文時代におけるコナラ節の利用とその技術」『日本文化財科学会第29九回大会研究発表要旨集』
山内清男　一九三七「縄紋土器型式の細別と大別」『先史考古学』一巻一号（『先史考古学論文集（一）』一九九七再録に拠る）

＊京都大学埋蔵文化財研究センター（一九七七年～二〇〇八年三月）、京都大学文化財総合研究センター（二〇〇八年四月～）編集・発行の『京都大学構内遺跡調査研究年報』および『京都大学埋蔵文化財調査報告』は一部を掲げるにとどめました。これらは、京都大学学術情報リポジトリ（http://repository.kulib.kyoto-u.ac.jp/dspace/）で閲覧することが可能です。
＊本文中、人名の敬称は省略させていただきました。

北白川追分町遺跡

・京都市左京区京都大学北部構内
・交通　市バス（17・203・201・206系統）で、百万遍あるいは京大農学部前下車。電車で、京阪電鉄出町柳駅下車、東へ徒歩20分

縄文後期の甕棺・配石墓は、理学部植物園内に移築・復元しているほか、中期末の住居跡は埋め戻して保存し、その上に解説版を設置している。

京都大学総合博物館

・京都市左京区吉田本町（京都大学本部構内）
・開館時間　9：30～16：30
・休館日　月曜・火曜、年末年始（12月28日～1月4日）
・入館料　一般400円、高校・大学300円、小・中学生200円
・交通　同じく百万遍下車。

戦前に調査された北白川追分町遺跡、北白川小倉町遺跡、北白川上終町遺跡の資料を収蔵するとともに、小倉町遺跡の資料は一部、常設展示されている。

京都大学総合博物館

京都大学文化財総合研究センター資料室（尊攘堂）

・京都市左京区吉田本町（京都大学本部構内）
・休館日　土・日、祝日
・入館料　無料
・見学希望者は、事前の問い合わせが必要。075（753）7691

総合博物館の南側に隣接。建物は登録文化財に指定される。北白川追分町遺跡をはじめとして、京都大学構内から出土した考古資料を展示。

京都大学文化財総合研究センター資料室（尊攘堂）

京都市考古資料館

・京都市上京区大宮東入ル元伊佐町
・開館時間　9：00～17：00
・休館日　月曜（月曜が祝日または振替休日の場合は翌日）、年末年始（12月28日～1月3日）
・入館料　無料
・交通　市バス（51・59・201・203）今出川大宮下車、市バス（9系統）堀川今出川下車、西へ2分

北白川上終町遺跡の竪穴住居跡（レプリカ）の展示がみられるほか、一乗寺向畑町遺跡出土土器（京都市調査資料）などが展示されている。

刊行にあたって

「遺跡には感動がある」。これが本企画のキーワードです。

あらためていうまでもなく、専門の研究者にとっては遺跡の発掘こそ考古学の基礎をなす基本的な手段です。また、はじめて考古学を学ぶ若い学生や一般の人びとにとって「遺跡は教室」です。

日本考古学では、もうかなり長期間にわたって、発掘・発見ブームが続いています。そして、毎年厖大な数の発掘調査報告書が、主として開発のための事前発掘を担当する埋蔵文化財行政機関や地方自治体などによって刊行されています。そこには専門研究者でさえ完全には把握できないほどの情報や記録が満ちあふれています。しかし、その遺跡の発掘によってどんな学問的成果が得られたのか、その遺跡やそこから出た文化財が古い時代の歴史を知るためにいかなる意義をもつのかなどといった点を、莫大な記述・記録の中から読みとることははなはだ困難です。ましてや、考古学に関心をもつ一般の社会人にとっては、刊行部数が少なく、数があっても高価なその報告書を手にすることすら、ほとんど困難といってよい状況です。

いま日本考古学は過多ともいえる資料と情報量の中で、考古学とはどんな学問か、また遺跡の発掘から何を求め、何を明らかにすべきかといった「哲学」と「指針」が必要な時期にいたっていると認識します。

本企画は「遺跡には感動がある」をキーワードとして、発掘の原点から考古学の本質を問い続ける試みとして、日本考古学が存続する限り、永く継続すべき企画と決意しています。いまや、考古学にすべての人びとの感動を引きつけることが、日本考古学の存立基盤を固めるために、欠かせない努力目標の一つです。必ずや研究者のみならず、多くの市民の共感をいただけるものと信じて疑いません。

監　修　戸沢　充則

編集委員　勅使河原彰　小野　昭
小野　正敏　石川日出志
小澤　毅　佐々木憲一

著者紹介

千葉　豊（ちば　ゆたか）

1960年愛知県生まれ。京都大学大学院文学研究科博士後期課程中退
現在、京都大学文化財総合研究センター助教
主な著作『西日本の縄文土器　後期』（編著、真陽社）、「土器編年の方法―型式学的方法①」『縄文時代の考古学』第2巻（同成社）、「縁帯文土器」『総覧 縄文土器』（アム・プロモーション）、「型式論の可能性」『縄文時代』19（共著、縄文時代文化研究会）

写真提供（所蔵）
図7・15・16・36：京都大学大学院文学研究科考古学研究室所蔵（15・16・36は筆者撮影）、図10・13・25・27：京都大学総合博物館所蔵（筆者撮影）、図3・17・18・29・31・37・39・40・42〜46・48〜52：京都大学文化財総合研究センター、図21・23・57・60・61：京都市埋蔵文化財研究所、図53：日本文化財科学会（早川和子原画）、図55・56：滋賀県教育委員会、図58：京都府埋蔵文化財調査研究センター

図版出典（一部改変）
図5：国土地理院2万5千分の1地形図「京都東北部」、図8：藤1797、図12・13：梅原1935、図14：山内1937（山内1997再録より）、図24・26：京都大学文学部博物館1991、図30：京都大学埋蔵文化財研究センター1985、図31：泉1977、図34（右上）：神奈川県教育委員会・東正院遺跡調査団1972、（右下）：市立市川考古博物館1992、（左上）：京都大学文学部博物館1991、（左下）：縄手遺跡調査会1971、図47：宮武2003、図54：国土地理院20万分の1地勢図「京都及大阪」、図59：京都市埋蔵文化財研究所2010

上記以外は著者撮影・作図。

シリーズ「遺跡を学ぶ」086

京都盆地の縄文世界・北白川《きたしらかわ》遺跡群

2012年11月10日　第1版第1刷発行

著　者＝千葉　豊

発行者＝株式会社 新 泉 社
東京都文京区本郷2-5-12
振替・00170-4-160936番　TEL03(3815)1662／FAX03(3815)1422
印刷／萩原印刷　製本／榎本製本

ISBN978-4-7877-1236-3　C1021

シリーズ「遺跡を学ぶ」

A5判／96頁／定価各1500円＋税

第Ⅰ期（全31冊完結・セット函入46500円＋税）

01 北辺の海の民・モヨロ貝塚　米村衛
02 天下布武の城・安土城　木戸雅寿
03 古墳時代の地域社会復元・三ツ寺Ⅰ遺跡　若狭徹
04 原始集落を掘る・尖石遺跡　勅使河原彰
05 世界をリードした磁器窯・肥前窯　大橋康二
06 五千年におよぶムラ・平出遺跡　小林康男
07 豊饒の海の縄文文化・曽畑貝塚　木﨑康弘
08 未盗掘石室の発見・雪野山古墳　佐々木憲一
09 氷河期を生き抜いた狩人・矢出川遺跡　堤隆
10 描かれた黄泉の世界・王塚古墳　柳沢一男
11 江戸のミクロコスモス・加賀藩江戸屋敷　追川吉生
12 北の黒曜石の道・白滝遺跡群　木村英明
13 古代祭祀とシルクロードの終着地・沖ノ島　弓場紀知
14 黒潮を渡った黒曜石・見高段間遺跡　池谷信之
15 縄文のイエとムラの風景・御所野遺跡　高田和徳
16 鉄剣銘一一五文字の謎に迫る・埼玉古墳群　高橋一夫
17 石にこめた縄文人の祈り・大湯環状列石　秋元信夫
18 土器製塩の島・喜兵衛島製塩遺跡と古墳　近藤義郎
19 縄文の社会構造をのぞく・姥山貝塚　堀越正行
20 大仏造立の都・紫香楽宮　小笠原好彦
21 律令国家の対蝦夷政策・相馬の製鉄遺跡群　飯村均
22 筑紫政権からヤマト政権へ・豊前石塚山古墳　長嶺正秀
23 弥生実年代と都市論のゆくえ・池上曽根遺跡　秋山浩三
24 最古の王墓・吉武高木遺跡　常松幹雄
25 石槍革命・八風山遺跡群　須藤隆司
26 大和葛城の大古墳群・馬見古墳群　河上邦彦
27 南九州に栄えた縄文文化・上野原遺跡　新東晃一
28 泉北丘陵に広がる須恵器窯・陶邑遺跡群　中村浩
29 東北古墳研究の原点・会津大塚山古墳　辻秀人
30 赤城山麓の三万年前のムラ・下触牛伏遺跡　小菅将夫
別01 黒耀石の原産地を探る・鷹山遺跡群　黒耀石体験ミュージアム

第Ⅱ期（全20冊完結・セット函入30000円＋税）

31 日本考古学の原点・大森貝塚　加藤緑
32 斑鳩に眠る二人の貴公子・藤ノ木古墳　前園実知雄
33 聖なる水の祀りと古代王権・天白磐座遺跡　辰巳和弘
34 吉備の弥生大首長墓・楯築弥生墳丘墓　福本明
35 最初の巨大古墳・箸墓古墳　清水眞一
36 中国山地の縄文文化・帝釈峡遺跡群　河瀬正利
37 縄文文化の起源をさぐる・小瀬ヶ沢・室谷洞窟　小熊博史
38 世界航路へ誘う港市・長崎・平戸　川口洋平
39 武田軍団を支えた甲州金・湯之奥金山　谷口一夫
40 中世瀬戸内の港町・草戸千軒町遺跡　鈴木康之
41 松島湾の縄文カレンダー・里浜貝塚　会田容弘
42 地域考古学の原点・月の輪古墳　近藤義郎・中村常定
43 天下統一の城・大坂城　中村博司
44 東山道の峠の祭祀・神坂峠遺跡　市澤英利
45 霞ヶ浦の縄文景観・陸平貝塚　中村哲也
46 律令体制を支えた地方官衙・弥勒寺遺跡群　田中弘志
47 戦争遺跡の発掘・陸軍前橋飛行場　菊池実
48 最古の農村・板付遺跡　山崎純男
49 ヤマトの王墓・桜井茶臼山古墳・メスリ山古墳　千賀久
50 「弥生時代」の発見・弥生町遺跡　石川日出志

第Ⅲ期（全26冊完結・セット函入39000円＋税）

51 邪馬台国の候補地・纒向遺跡　石野博信
52 鎮護国家の大伽藍・武蔵国分寺　福田信夫
53 古代出雲の原像をさぐる・加茂岩倉遺跡　田中義昭
54 縄文人を描いた土器・和台遺跡　新井達哉
55 古墳時代のシンボル・仁徳陵古墳　一瀬和夫
56 大友宗麟の戦国都市・豊後府内　玉永光洋・坂本嘉弘
57 東京下町に眠る戦国の城・葛西城　谷口榮
58 伊勢神宮に仕える皇女・斎宮跡　駒田利治
59 武蔵野に残る旧石器人の足跡・砂川遺跡　野口淳
60 南国土佐から問う弥生時代像・田村遺跡　出原恵三
61 中世日本最大の貿易都市・博多遺跡群　大庭康時
62 縄文の漆の里・下宅部遺跡　千葉敏朗
63 東国大豪族の威勢・大室古墳群（群馬）　前原豊
64 新しい旧石器研究の出発点・野川遺跡　小田静夫
65 旧石器人の遊動と植民・恩原遺跡群　稲田孝司
66 古代東北統治の拠点・多賀城　進藤秋輝
67 藤原仲麻呂がつくった壮麗な国庁・近江国府　平井美典
68 列島始原の人類に迫る熊本の石器・沈目遺跡　木﨑康弘
69 奈良時代からつづく信濃の村・吉田川西遺跡　原明芳
70 縄紋文化のはじまり・上黒岩岩陰遺跡　小林謙一
71 国宝土偶「縄文ビーナス」の誕生・棚畑遺跡　鵜飼幸雄
72 鎌倉幕府草創の地・伊豆韮山の中世遺跡群　池谷初恵
73 東日本最大級の埴輪工房・生出塚埴輪窯　高田大輔
74 北の縄文人の祭儀場・キウス周堤墓群　大谷敏三
75 浅間山大噴火の爪痕・天明三年浅間災害遺跡　関俊明
別02 ビジュアル版 旧石器時代ガイドブック　堤隆

第Ⅳ期　好評刊行中

76 遠の朝廷・大宰府　杉原敏之
77 よみがえる大王墓・今城塚古墳　森田克行
78 信州の縄文早期の世界・栃原岩陰遺跡　藤森英二
79 葛城の王都・南郷遺跡群　坂靖・青柳泰介
80 房総の縄文大貝塚・西広貝塚　忍澤成視
81 前期古墳解明への道標・紫金山古墳　阪口英毅
82 古代東国仏教の中心寺院・下野薬師寺　須田勉
83 北の縄文鉱山・上岩川遺跡群　吉川耕太郎
84 斉明天皇の石湯行宮か・久米官衙遺跡群　橋本雄一
85 奇異荘厳の白鳳寺院・山田寺　箱崎和久
86 京都盆地の縄文世界・北白川遺跡群　千葉豊